깨달음이란 사람이 진리를 앎을 이야기하는 것이다.

이것은 이론으로 앎이 아니고 자기가 마음으로 수용함이다.

마음으로 깨달음은 자기의 마음자리와 또 자기의 진아(眞我)를 발견하는 것인데,

이것이야말로 세상에 하나밖에 없는 진리이고 이 진리는 영원불변한 것이다.

지금까지 깨달음이 어려웠던 이유는 이 경지를 정확히 아는 스승이 없었기 때문이다.

이제는 일상생활 속에서 누구나 깨달음을 얻는 세상이 되었다.

- 본문 중에서 -

우 명禹明

마음수련 명상의 창시자이며 인간 완성의 철학과 방법을 알려온
철학가, 강연가, 저술가이다. 삶과 존재에 대한 깊은 성찰 끝에 진리가 된 후,
사람들이 진리가 될 수 있도록 가르치는 데 헌신해왔다.
저서 〈이 세상 살지 말고 영원한 행복의 나라 가서 살자〉 영문판은 아마존 베스트셀러 종합 1위를
기록하였으며 다수의 철학 분야 도서상을 수상했다. 〈진짜가 되는 곳이 진짜다〉 영문판은
미국 에릭 호퍼 어워드에서 수여하는 '몽테뉴 메달'(2014)을 한국인으로서는 처음 수상했다.
〈하나님 부처님 알라를 만나는 방법〉은 미국에서 영역본 〈How to Have a Meeting with God, Buddha,
Allah〉가 먼저 출간되었고 월스트리트저널, 반스앤노블 베스트셀러 종합 1위,
아마존닷컴 철학 영성 분야 베스트셀러 1위, USA투데이 베스트셀러에 올랐다.
<살아서 천국 극락 낙원에 가는 방법> 또한 영문 <How to Go and Live in Heaven, Paradise, and the
Land of Bliss while Living>이 먼저 발행되며 화제가 되었다.
이외에도 〈살아서 하늘사람 되는 방법〉〈세상 너머의 세상〉〈하늘의 소리로 듣는 지혜의 서〉 등
진리에 관한 저서 십여 권을 출간했다. 우 명 선생의 저서들은 영어, 스페인어, 프랑스어, 이탈리아어,
스웨덴어, 헝가리어, 포르투갈어, 일본어 등 세계 여러 언어로 번역, 출간되고 있다.

하늘의 소리로 듣는 지혜의 서
우 명 지음

초판 발행   1996년 7월 1일
2판 3쇄 발행   1999년 9월 1일
3판 1쇄 발행   2001년 9월 1일
3판 13쇄 발행   2024년 4월 1일

펴낸이   최창희
펴낸곳   참출판사(주)
          03969 서울시 마포구 성미산로3길 67
대표전화   (02)325-4192
팩스   (02)325-1569
이메일   chambooks@hanmail.net
등록   2000년 12월 29일, 제13-1147

ISBN 978-89-87523-15-6
ISBN 978-89-87523-14-9 (세트)
값 12,500원

하늘의 소리로 듣는

지혜의 서

존재와 우주의 이치에 관한 깨달음의 대화집

참출판사

서문

    사람은 지혜가 없어 세상에는 수만 가지의 책이 서점에 즐비해 있다. 세상이 말세라고 이야기를 하는 책들이 인기가 있는 편이다. 세상은 말세가 없고 그 말세란 사람의 정신이 자기중심적인 입장에서 사는 삶이 말세인 것이다.

    천지개벽도 개체의 좁은 생각이 전체인 완전한 정신으로 바뀌면 모두가 살아 있어 산 나라가 천국이고 이 땅이 불국토요 모두가 하나로 사는 것이 다시 열리는 세상이라.

    내가 이 글을 쓰게 된 동기는 세상이 어수선하여 많은 이가 자기의 마음이 달라 갈팡질팡하여 삶을 사는 것이 무겁고 고통의 짐을 지고 살아가고 있기에 그 고통과 짐이 참이 아님을 밝히고 모두가 자유고 대자유인 참으로 나서 사는 계기가 되었으면 하는 마음에 이 글을 적어본다.

    이 세상 사는 삶은 하룻밤의 꿈과 같이 어젯밤에 악몽을 꾸었었는데 잠을 깨고 보면 그것이 꿈이었듯이 인생 삶도 부처님 하나님의 입장에서 보면 그것이 꿈과 같은 허상이라.

    인간이 대우주를 창조하신 진리로 나서 살아서 그 진리가 된 자는 영원히 죽음이 없고 살아서 영생천국에 사는 이치를 아무도 모르기에 이 글을 적어본다.

    꿈속에 사는 자는 꿈을 꾸어도 꿈인 줄 모르듯 자기 속에 갇힌 자는 자기 속에 갇혀 우주를 창조하신 우주 이전의 우주의 뜻을 모르는 법이라.

사람이 만고의 진리인 하나님 부처님의 품속으로 되돌아가지 않고는 사는 방법이 없다. 모두가 회개하여 참회하여 남의 탓이 아닌 내 탓임 알고 나의 죄를 다 닦으면 모두가 부처님 하나님의 품속으로 되돌아갈 수 있다. 살아서 영원히 사는 방법이 자기 속에 있음을 알고 자기의 마음을 깨끗이 닦았으면 하는 바람이다.

2003년 12월
우 명

존재와 우주의 이치에 관한 깨달음의 대화집

차례

서문·7

제1편 진리·도통

신(神)의 증명·16 / 욕심의 기준·18 / 멸죄(滅罪)·19 / 음덕이란·20 / '저절로'의 참뜻·22 / 순리(順理)·23 / 천부경·24 / 격암유록·25 / 천상운중왕 자하도진주·26 / 대자연의 섭리·27 / 근본이란·28 / 존재의 근원·29 / 우주 근원의 회귀·30 / 사람은 우주다·31 / 도와 육근청정(六根淸淨)·32 / 청산의 가르침·33 / 무념무상의 경지·34 / 이 뭐꼬·35 / 산은 산이요, 물은 물이다·36 / 게송이란·37 / 일체유심조·38 / 천상천하 유아독존·39 / 우주의 말·40 / 마음의 한계와 구분·41 / 도(道)란·42 / 화일(和一)·43 / 깨달음·44 / 도의 길·45 / 길 위에서 길을 묻다·46 / 진아(眞我)·47 / 자아 발견·48 / 도통의 방법·49 / 열반이란·50 / 열반하는 방법·51 / 진정한 도인(道人)이란·52 / 천안통(天眼通)에서 누진통(漏盡通)까지·53 / 하늘의 층·55 / 신선(神仙)·56 / 선계(仙界)·57 / 신의 세계·58 / 천사와 선녀·59 / 용과 봉황·61 / 수호신·62 / 후천은 여성의 시대·63 / 천인지 합일·65 / 성인(聖人)과 전인(全人)·67 / 말세와 새 시대·68 / 해인(海印)·69 / 구세주의 능력·70 / 구세주의 의미·71 / 새 하늘 새 땅·72

제2편 과학·우주

과학이란·76 / 상대성 이론·77 / 우주 개발의 한계·78 / 빅뱅 이론·79 / 빅 크런치 학설·80 / 우주의 팽창과 수축·81 / 우주의 중심·82 / 지구의 수명·83 / 태양의 형성·84 / 공전과 자전·85 / 혜성의 역할·86 / 윤달이란·87 / 유전공학·88 / 생명 복제·89 / 인간 진화론·90 / 돌연변이·91 / 천재(天才)란·92 / 기상 이변의 원인·93 / 인공 강우·94 / 불가사의란·95 / 사차원의 세계·96 / 사차원과 인간·97 / 마의 삼각지대·98 / 피라미드의 원리·99 / 아틀란티스 대륙·100 / 사리의 비밀·101 / 텔레파시·103 / 불로초·104

제3편 철학·사상

철학이란·106 / 만물의 원질·107 / 데모크리토스의 원질론·108 / 플라톤의 이상국(理想國)·109 / 쾌락주의·110 / 행복과 무욕·111 / 플로티노스의 초이성적 존재·112 / 오리게네스의 구원·113 / 디오게네스의 무소유·115 / 상징신학, 고유신학, 신비신학·116 / 토마스 아퀴나스의 형이상학적 존재론·117 / 유토피아·118 / 군주론·119 / 데카르트의 회의와 존재·120 / 송과선과 인간 정신·121 / 스피노자의 범신론(汎神論)·122 / 팡세·124 / 파스칼의 기적과 사유·125 / 모나드(우주의 실체)·126 / 라이프니쯔의 공간과 시간·127 / 모나드와 중성자·128 / 철학의 방법과 원칙에 대하여·129 / 이신론(理神論)·131 / 니체와 신(神)·132 / 신에 대한 다양한 주장·133 / 로크의 경험주의와 오성(悟性)·134 / 루소의 이성(理性)·136 / 헤겔의 변증법·137 / 쇼펜하우어의 염세주의 철학·138 / 역사의 구분·140 / 이황의 이기이원론(理氣二元論)과 이이의 이기일원론(理氣一元論)·141 / 성선설과 성악설·142 / 퇴계의 성인(聖人)과 평인(平人)·143 / 신독(愼獨)·144 / 라즈니쉬·크리슈나무르티·145 / 사회 체제에 대하여·146

제4편 생활·사회·윤리

탐미(耽美)와 본능·148 / 사람의 심보·149 / 마음의 뿌리·150 / 꿈·151 / 태몽이란·152 / 잘사는 삶이란·153 / 삶의 목표와 성취·154 / 일과 성공·155 / 중용이란·157 / 고독의 원인과 해결·158 / 삶의 기쁨·159 / 삶의 목적·160 / 참된 자녀 교육·161 / 임종을 지키는 의미·162 / 조상을 섬기는 이유·163 / 마음 없음과 삶·164 / 인간의 위대함·165 / 마음과 건강의 연관·166 / 한의와 양의의 차이·167 / 질병의 유발 경로·168 / 장기 이식·169 / 인공 수정·170 / 냉동 인간과 수명 연장·171 / 두뇌와 신체·172 / 죽음의 기준·173 / 뇌사는 죽음인가·174 / 안락사·175 / 인간 범죄의 처벌·176 / 예언의 옳고 그름·177 / 한국의 미래·178 / 이스라엘과 아랍의 분쟁 해결·179 / 세계의 정치와 경제·180 / 세계가 바로 가는 길·181

제5편 생명·사후 세계

만물의 근원·184 / 음양의 이치·185 / 사람의 탄생·186 / 수명이란·187 / 사람의 운명·188 / 주역이란·190 / 토정비결·191 / 점성술·192 / '죽었다'와 '돌아가셨다'의 차이·193 / 영혼과 육체·194 / 죽음의 차이·195 / 천당과 지옥·196 / 귀신과 유령·197 / 영혼 결혼식·198 / 사후 세계·199 / 윤회와 환생·200 / 동식물의 윤회·201 / 짐승의 영혼·202 / 유체 이탈·203 / 영의 세계·204 / 진혼굿·205 / 49재·206 / 빙의·207 / 무속인이 생기는 이유·208 / 사람의 본능·209 / 비관론·낙관론·210 / 행운이란·211 / 자연의 교훈·212 / 기(氣)란·213 / 닭이 먼저냐, 달걀이 먼저냐·214

제 6 편   종교·구원

종교란·216 / 한국의 종교 번성·218 / 민간 신앙·219 / 사이비 종교·221 / 잘못된 종교의 폐해와 부
작용·223 / 금욕주의·224 / 기독교의 번성과 한계·225 / 십자가의 의미·226 / 성체와 성혈·227 /
인간의 원죄·228 / 성경의 예언·229 / 마귀의 정체·230 / 고해 성사·231 / 내 탓이오·232 / 참된
회개란·233 / 계시와 기적의 의미·234 / 구세주 재림·235 / 환난의 시기·236 / 결실 종교·237 /
구원의 뜻·239

제 7 편   깨달음의 시

서시·242 / 사는 삶·247 / 요람기·249 / 청산(靑山)·254 / 화전민·255 / 출가·258 / 추억·260 /
엄마야 누나야·262 / 방황·267 / 등산·272 / 천직·274 / 향수(鄕愁)·277 / 인간마음·279 / 말·281
/ 귀향·283 / 평정·285 / 고행·286 / 인생·287 / 구원·289 / 후회·291 / 나의 이름·294 / 요술쟁
이·298 / 천상·301 / 우주마음·302 / 별과의 대화·308 / 창공과의 대화·310 / 태양과의 대화·311
/ 달과의 대화·312 / 산과의 대화·313

맺음 시 / 바른 도(道)를 찾아 깨달음을 얻는 길·314
후기·316

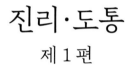

진리·도통
제 1 편

도라는 것은 본래 없고 삶이 도이나, 사람이 자기를 만들어 살아가고 있으니

도가 있는 것이다. 그래서 비록 도가 없지만 사람은 도를 하지 않으면 안 된다.

신이 없다고 주장하는 사람들은 있으면 증거를 보여 달라고 합니다. 증명할 방법은 무엇입니까?

움직이는 모든 것은 다 신(神)이다. 우리가 눈으로 보지 못하니 믿지 않으나 허공도 신이고 하늘의 모든 천체도 다 신이다. 움직이니 신인 것이다. 우주도 신이다.

우주에서 수많은 천체와 만상들이 생기고 죽는 것이 모두 신의 섭리로 이루어지나 우리는 신을 형체로 판단하려고 하여 실제로 보고도 모르고 있으니 신이 없다고 한다.

만상이 난 것도 신에 의함이고 만상이 움직이는 것도 신에 의함이다. 신이 존재하지 않으면 만상이 존립하지 않는다. 신은 순리이므로 있는 그대로가 신이나, 사람이 신을 사람과 같은 형체에서 찾으려고 하니 잘못이다. 또 신은 사람 눈으로는 보이지 않고 마음의 눈을 떠야 볼 수 있는데, 이 신을 사람 생각에 맞추어 없다고 이야기함은 잘못이다. 선천에는 마음밖에 없다고 알고 있으나 후천에는 신의 존립을 밝혀 준다. 이것이 대각이다.

신은 있는 그대로이고 형체 있는 모든 것은 자존의 힘이 있다. 수많은 별도 스스로 존재하는 하나의 하느님이니, 우리는 모든 천체가 신의 힘에 의하여 순리로 돌아감을 알아야 한다.

신은 전지전능하되 순리이고 영원이나 인간은 순리로 살지 않으니 고통이고 영원하지 않은 것이다. 신은 영원하며 전지전능하다. 신은 있는 그대로가 신이다.

신이 없으면 만상도 우주도 없다. 신의 힘은 순리로 행해지므로, 역행하는 이가 벌을 받게 하는 것도 신이다. 자연을 순리로 다루지 않으면 결과는 인간이 당하게 되니, 자연의 순리를 배우는 것이 신의 순리를 배우는 것이다. 순리에 맞지 않으면 신은 노한다. 신을 인간 형체에서 찾지 않는 것이 신을 찾는 최상의 방법이다. 심안(心眼)이 없는 일반 사람이 신을 형체로만 알려고 하는 것은 잘못이다.

선천에는 이 모든 실체를 심안으로 보면 신이 사람 형체로 존립했으나, 이제는 실체가 있되 사람 형체가 없이 완전함으로 이루어져 이 실체들도 하느님 나라에서 살고 있다. 그래도 거기에 자기가 없어 모두 하나가 되어 순리로 돌아가니 후천에는 신이 모두가 하나 된다. 인간도 하늘도 땅도 하나가 된다. 이것이 천인지 합일사상이다. 실체가 있되 있음이 아니고, 실체가 없되 있음이니 모두가 하나이다. 우주 자체가 신이다. 이것이 만고의 진리이다.

사람의 욕심은 어디서 나오며 욕심인 것과 욕심이 아닌 것의 기준은 무엇입니까?

　사람의 욕심은 생존에서 나온다. 자기가 있기에 자기의 이익과 편리를 위하여 욕심을 가지게 된다. 이 욕심의 기준을 보면, 인간이 자기를 위함은 욕심이지만 남을 위하는 것은 욕심이 아니다. 진리 측에서 보면 내가 없을 때 한 것은 욕심이 아니고, 내가 있을 때 한 것은 모두가 욕심이다.

사람이 멸죄(滅罪)하는 방법은 무엇입니까?

　사람이 깨달으면 일체의 죄가 없어진다. 죄가 없어지려면 본자아를 찾으면 된다. 사람들이 스스로 자기의 인간마음으로 죄와 업을 만드니, 이 죄업에서 벗어나려면 무엇보다 깨달아야 한다. 깨달으면 일체의 죄업으로부터 벗어난다. 이것이 유일한 멸죄의 방법이다.

음덕이란 무엇입니까?

우주는 음양으로 형성되어 있다. 보이는 실체가 양이면, 보이지 않는 것은 음이다. 세상만사와 세상만물이 나온 몸체는 음이다. 이 음이 하는 것은 표시는 없지만 천지창조도 하고 만물을 탄생시킨다.

그런데 인간에게 왜 음덕이 필요하냐 하면, 사람을 탄생시킴도 음이고 사람을 없게 함도 음이기 때문이다. 그런데 음이 한 것을 사람들은 양이 하는 것으로 착각하는 경우가 많다.

예를 들어 사람이 타살되었다면 그 실체는 살해한 자이나 이것은 음이 한 것이다. 왜 음이 했느냐 하면, 그 내재된 음의 힘에 의하여 그 행위가 이루어졌으니 음이 한 것이다.

이 원리는 일반 사람들이 이해하기가 힘들고 형언하기도 힘들다. 아무튼 인간의 모든 행복과 불행의 주관자도 음이다. 우리는 눈으로 보이는 것만이 최상으로 알고 또 으뜸으로 알고 있으나, 모든 것은 음덕으로 움직여지고 행복도 불행도 받고 있다. 내가 하는 행에 만사도 그와 같음이 되니 바른 마음 바른 행이 최고이다. 따라서 곧고 바르게 해야 복을 받고, 진실된 마음이어야 행복이 오고, 참된 마음이어야 거리낌이 없다.

참에는 음덕이 응하지만 참이 아닌 것에는 음덕이 응하지 않으니, 바름이 최고이고 참이 최고이고 바름과 참도 없는 일체가 최고이다. 사람의 행은 자기가 없이 함이 최고이고 사람의 마음도 없이 함이 최

20

고이고 사람은 사람으로 삶이 최고이니, 가식된 곳에 복이 없고 거짓된 곳에 참이 없다. 사람이 사는 데 막힘도 거짓도 일체가 없어야 하니 이것이 진리이다. 진리는 하나이고 진리는 불변이고 그 진리의 근본이 바로 음덕이니, 그 음덕이 창출됨은 바로 나의 몸과 마음이 거울에 비치는 이치와 같다.

내가 어렵고 못사는 것은 나의 몸과 마음에 거리낌이 많고, 내가 잘되지 않는 것도 나의 몸과 마음에 거리낌이 많기 때문이다. 이것이 진리이다. 이것이 법도이다. 조상을 섬기는 법도도 하나의 음덕이요, 조상이 좋은 곳에 가는 것은 음덕의 최고 법도이니, 죽고 삶에 구별을 두고 무시하는 마음을 가짐은 가장 금물이다. 이것이 음덕이다.

'저절로'란 말의 뜻은 무엇입니까?

　'저절로'라는 말의 뜻은 그대로라는 것이다. 그대로는 단지 형질이 변한 것이지 실제는 변하지 않았다는 것이다. 변하지 않았다는 것은 같음이라는 뜻이다. 천지만상이 생긴 것이 저절로란 말은 그대로 있음을 말한다. 그대로 있으니 저절로이다. 형체 있음, 없음이 같다는 뜻이다.

순리(順理)란 무엇입니까?

　순리란 순서에 입각하여 이루어진다는 이야기이다. 세상만사는 순리에 의하여 이루어졌고, 순리에 의하여 이루어져 가고 있으니 순리는 세상의 일이요 천지의 일이다. 이 순리를 인간이 바꾸고 고쳐 보려고 하지만 하는 일마다 더 큰 재앙을 안고 허덕이니 이 재앙을 이기지도 극복하지도 못한다.

　순리는 사람에게 가르칠 큰 과제이다. 순리라 함은 순서에 의함이고, 그 순서에 의함이란 물이 흐르듯 흐르는 것이고, 물이 흐르듯 흐른다는 것은 부딪힘이 없거나 정체되어 썩지 않는다는 말이다. 썩지 않는다는 것은 살아 있다는 것이고, 살아 있다는 것은 항시 앞으로 나아갈 수 있다는 말이다. 항시 앞으로 나아갈 수 있다는 것은 완전한 세상에 도달할 수 있다는 말이다. 완전한 세상이란 물의 입장에서는 바다가 되니, 그 바다는 말도 없고 그 바다는 자유롭고 평화롭고 거리낌이 없으니, 그것이 바로 완전한 세상이다.

　완전한 세상에서는 삶의 조건이 같고, 서로가 하나가 되니 불평할 요소가 없다. 이것이 완전함이다. 사람도 이 순리로 살아가면 바다에 이를 수 있다. 순리라 함은 인간이 가지는 최고의 지혜이다. 순리를 저버리면 사람은 언젠가는 불행해지니 순리에 어긋남이 없도록 해야 한다. 이것이 순리이다.

천부경(天符經)이란 무엇이고 언제 누가 만든 것입니까?

천부경의 요지는 천지인(天地人)이 하나 된다는 사상이다. 이것은 오래전부터 우리나라에 전해 내려오던 것을 배달국과 단군이 글로 적어 만든 것인데, 이 사상으로 정치를 하니 단군시대가 오래도록 정치를 할 수 있었다. 천지인이 하나로써 하늘을 우러러 숭배했던 사상이다.

그러나 이제는 사람이 주(主)가 되는 세상이다. 사람이 하는 일이 하늘의 일이요, 하늘의 일이 사람이 하는 일이다. 사람이 하는 일이 하늘에서도 이루어지는 세상이다. 단군사상과 새 시대의 사상이 다른 점은, 단군사상은 하늘에서 뜻을 이루려고 했고, 이제는 땅에서 모든 것을 이루는 것이다. 단군사상은 옛날 사람에게 천리에 맞고, 지금 사상은 지금 사람에게 순리에 맞는 인존시대 사상이다.

인존시대라 함은 사람이 으뜸이므로 사람의 뜻대로 이루어져서 사람이 천지인의 주역이라는 말이다. 천부경을 받은 이는 단군 이전부터 한국에서 살아온 사람인데, 단군이 이를 정리하여 정치에 적용한 것이다. 단군 이후에도 나라가 창건될 때면 우리 민족은 이 사상을 지켜왔다.

격암유록의 저자인 남사고는 어떻게 책을 쓰게 되었습니까?

격암유록의 저자인 남사고는 천이통(天耳通)이 된 사람이다. 하늘이 하는 말씀을 들을 수 있어 궁금한 미래를 하늘에 물어 답을 받아 쓴 것이다. 이분이 책을 쓴 뒤 당시 자기가 쓴 것이라고 하면 화를 입게 될 것이므로 신인(神人)에게 받았다고 하였다.

신은 글을 쓰는 일이 없고 사람이 신이고 신이 사람이다. 따라서 하늘에서 사람이 온다는 것은 순리가 아니니 남사고가 신인에게 받았다고 한 것은 사실이 아니다.

격암유록에는 앞으로 올 구세주를 '천상운중왕(天上雲中王)' '자하도진주(紫霞島眞主)'라고 표현하고 있습니다. 그 뜻은 무엇입니까?

구름도 천상이요, 보랏빛 안개도 천상이고 노을도 천상이니, 천상의 참주인을 구세주라고 이야기한 것이다. 앞으로 올 구세주는 천상의 주인이요, 땅의 주인이요, 사람의 주인임을 이야기한 것이다. 구세주라 함은 천인지를 합일시킬 능력자이어야 한다. 그리고 영생시킬 수 있어야 한다.

영생이라 함은 영원한 삶이다. 영원하다는 것은 변함이 없는 것인데, 변함이 없다는 것은 진리이어야 하니 이 진리가 바로 화기(和氣)이다. 화기는 변함이 없으니 화기로 영생함을 말한다. 사람 몸으로는 오래 살지 못한다. 이것이 진리이다.

대자연의 섭리란 무엇입니까?

　대자연이라 함은 우주이다. 이 우주의 섭리는 순리이다. 순리는 막힘과 걸림이 없고 공평하며, 있되 있지 않고 저절로의 힘에 의하여 순리로 되어가는 것이 대자연의 섭리이다.

근본이라 함은 무엇입니까?

　사람과 이 세상의 모든 만상은 근본이 있는데, 그 본래는 모두가 동일하다. 같다는 것은 하나이고, 하나의 본(本)은 이곳과 저곳, 또는 다른 곳에 있는 것이 아니고 모두가 동일하다. 그곳이 바로 우리가 나온 곳이요, 또다시 수렴될 곳이다. 이곳이 만상이 나온 곳이고 만상이 다시 갈 곳이다. 이곳은 우주의 화기(和氣)인데, 이 평화로운 기는 형체가 없되 있는 것이고 있다, 없다도 아닌 그 중간이 바로 진리의 근본인 화기이다.

　이것이 만고불변의 진리요, 모든 것이 이것으로부터 나왔으니 그 위대함을 아는 것이 도(道)이다. 이것의 형태는 심안으로 보면 끈적끈적하면서도 투명한 물질이다. 이것이 위대한 나의 진아(眞我)이다.

우리는 어디서 왔습니까?

    우리는 온 곳도 없고 갈 곳도 없다. 우리는 마음으로부터 왔다가 마음으로 간다. 우주의 진공층과 공기층의 비물질적 실체인 화기가 그 마음의 주인이다. 이 물질은 맑디맑되 끈적끈적한 것인데, 이 마음이 만상을 내고 만상을 수렴한다. 이 마음은 일체를 다 갖추고 있는 완전함이다.

우주 근원으로의 회귀란 말의 뜻은 무엇입니까?

    사람이나 동식물이나 하늘의 천체나 지구나 이 모든 형체는 우주의 근원인 무(無)로 되돌아간다. 무는 실체가 없고 비물질이며 없는 가운데 있는 우주의 근원인 본체이다.

    사람이 도를 한다는 것은 이 비실체적이면서 실체적인, 또 없는 가운데 있고 있는 가운데 없는 본체로 귀의함이다. 우주만상 그대로가 이 비실체적이고 또 실체인 그것이니, 우리가 본아(本我)인 이 실체를 앎이 곧 도(道)요, 우주 근원으로의 회귀이다.

사람을 소우주라고 하는 까닭은 무엇이며 소우주라 하는 것이
맞습니까?

　사람을 소우주라고 하는 까닭은, 인간이 마음으로 우주를 속에 넣
을 수 있고 우주가 될 수 있기에 이렇게 말한 것이다.
　그러나 사람의 몸이 지구를 닮은 소우주이기는 하나 사람 자체는
소우주가 아닌 그대로의 우주이다. 사람 안에 우주만상이 그대로 존
재한다고 한 것은 인간이 인간에 맞추어 생각하니 그런 것이다. 우주
에 인간이 나서 죽어도 우주로 귀의하듯 인간 속에 우주가 그대로 있
고 우주가 인간에 그대로 존재하는 것이지 인간 생각 속에 존재시키
는 것은 아니다.
　인간은 소우주가 아니라 그대로의 우주이다. 사람의 마음이 그대로
우주이다.

법화경 '법사공덕품'에 사람이 열심히 도를 닦으면 육근청정(六根淸淨), 즉 눈·귀·코·혀·몸·마음 등 여섯 가지 감각 기능이 깨끗해진다는데 이것은 무슨 뜻입니까?

사람이 도를 닦는 것은 본자아로 가기 위한 길이어서, 인간이 도를 닦으면 사람의 사고나 틀에서 자꾸 벗어나니 깨끗해진다고 하는 것이다. 깨끗함도 더러움도 아닌 경지는 일체가 없는 그대로의 경지인데, 사람이 도를 닦으면 내가 없으니 청정하다고 하는 것이다. 나의 마음 일체를 없애니 깨끗하다고 하는 것이다. 일체가 없어지면 나는 없고 본자아만 남는다.

다음의 시는 어떤 뜻입니까?
"청산은 나를 보고 말없이 살라 하고 창공은 나를 보고 티없이 살라 하네. 탐욕도 벗어놓고 성냄도 벗어놓고 물같이 바람같이 살다가 가라 하네."

이것은 중국에도 널리 알려진 고려시대 선사가 쓴 시로써 자연이 사람이고 사람이 자연이라는 뜻이다. 다시 말하면 자연이 자기임을 안 것처럼 보이는 시이나, 이분은 단지 도통한 경지라고 볼 수 있을 뿐 대각하지는 못했다. 자기가 있는 고로 청산·창공·바람·물을 같음으로 보지 못했다.

다시 말하면 자연이 자기임을 모르고 자기와 분리지어 본받으려 했기에 대각의 경지가 아니다. 대각은 모든 있는 것 그대로가 다 나인 것이다.

무념무상의 경지란 무엇입니까?

　무념(無念), 무상(無想)이라 함은 일체 생각이 없음을 말한 것이다.
사람이 살아 있되 생각에 내가 없고, 모든 상에 얽매이지 않음이 완전
한 무념, 무상의 경지이다.
　흔히 가부좌를 틀고 앉아 눈을 감고 있는 것이 무념무상의 경지라
잘못 알고 있는데 그것은 참으로 가기 위한 하나의 방편이지 참된 무
념무상이 아니다. 진정한 무념무상은 살아서 숨쉬고 생활하되 자기
의 일체가 없는 경지이다.

화두(話頭) '이 뭐꼬'란 무슨 뜻입니까?

이것은 있는 물체나 또 동식물의 근원이 무엇이냐를 찾는 화두이다. 사람은 원래 사람으로서 완전함이고, 천지만상(실존하는 물체)은 모두가 개체의 완전함인데, 이것이 모두 나로부터 나왔다. 이 나는 우주의 본체인 화기이다.

그 비물질적 실체가 마음이다. 이 마음으로부터 천지만상이 탄생되었다. 비물질적 실체인 마음이 사람의 진아(眞我)이고 이 진아가 만상의 어머니이다. 사람은 사람대로의 하나의 완전한 실체이지만 이 실체가 오고가는 곳 또한 이곳이다. 이 뭐꼬의 상대가 사람이면, 그 마음의 위대함에 완전한 내가 있으니 마음은 하나의 신비로움이다.

'산은 산이요, 물은 물이다'는 무슨 뜻입니까?

　사람들은 산은 산으로 보고 물은 물로 보나 원래 산, 물이 같은 곳에서 왔으므로 달리 있는 것이 아니다. 그러나 이것도 다시 보면 산은 산이요, 물은 물일 뿐이므로 있는 그대로가 진리라는 이야기이다.

　진리는 삼라만상이 있는 그대로가 진리이나 사람이 그 진리를 보지 못하고 밖에서 찾으려고 하니 찾아지지 않는다. 산은 산, 물은 물 그대로이나 오고갈 곳은 같으므로 '산은 산이요, 물은 물이다'라는 뜻이다. 있는 그대로가 진리라는 뜻이다.

게송이란 무엇입니까?

게송이란 깨달음의 경지를 글로 표현한 것이다. 게송은 그 깨달음에 있고, 그 깨달음은 게송에 있다.

게송을 읽어보면 이 사람이 깨달았는지 아닌지를 금방 알게 되니 게송은 마음의 글이다. 그러므로 마음이 읊어야 진정한 게송이지 머리가 읊은 것은 진정한 게송이 아니다. 게송을 통하여 그 사람의 마음자리 앎을 감지하나 그 게송도 어렵기만 하여 일반인에게는 깨달음을 전하지 못하고 있다. 쉽게 상대에게 이해시키고 전하는 말이 잘하는 말이니, 모든 이가 이해하고 모든 이가 깨침을 얻을 수 있는 그런 게송이 최고의 게송이다.

불교에서 말하는 '일체유심조(一切唯心造)'란 무엇입니까?

　'일체유심조'란 사람의 마음이 만드는 것은 진리가 아니어서 허
(虛)이나, 우주의 마음이면 이 마음이 천지만상을 내고 모든 것을 창
조하는 어머니라는 뜻이다. 흔히들 사람들이 이것을 자기 마음인 줄
착각을 하나 이 말은 본래 자아의 마음을 이야기한 것이다.

　이 마음은 전지전능하여 모든 세상 일체는 이 마음이 만든 것이다.
이 마음은 형체를 보아도 없고 또 없는 가운데 있으니, 사람이 심안으
로 보면 푸른색을 띠고 끈적끈적한 액체처럼 있는 것이다. 따라서 마
음은 있다고도 할 수가 없고 없다고도 할 수가 없는 것이니 이것이
진리이다. 우주만상의 어머니가 이 마음이다. 그래서 '일체유심조'라
했다.

'천상천하 유아독존(天上天下唯我獨尊)'이란 무슨 뜻입니까?

하늘 위와 하늘 아래에는 오직 나만 홀로 존귀하다는 말이다. 이것은 사람이 살아가되 사람에 있지 않고 또 땅 위에 살되 땅에 있지 않으면, 사람이 없고 땅이 없는 진리의 자리인 우주에 내가 있게 되니 이것이 바로 천상천하 유아독존인 것이다.

사람은 자기가 있어 이것저것이 있지, 자기가 없으면 이것저것이 없다. 본자아는 우주인 고로 이 우주가 자기이니, 우주는 혼자 존귀하다고 이야기한 것이다. 인간은 자기를 내세우고 자기가 있으니 본자아인 우주와 일치하지 못하고 있다. 일치하여 하나가 됨으로써 우주에 오직 나만이 존귀한 경지가 되려면 나를 없애면 된다.

그러면 내가 오기 전도 우주였고, 내가 땅에 와서도 우주인 나만이 존귀하다는 것이다. 이것이 천상천하 유아독존이다.

우주의 말이란 무엇입니까?

　우주는 끝이 없는 것이다. 이 우주가 하는 말은 참말만 하니 이것은 진리이다. 진리란 참이기에 그대로 이루어진다는 이야기이다. 우주는 사람에게 참을 말하며, 그 참은 진실하여 그대로 되니 이것이 진리이다. 진리에는 예외가 없음이요, 바로 그대로이니 사람이 우주의 말을 하면 세상의 모든 것은 그대로 이루어지기 때문에 세상에서 가장 위대하다.

　우주를 보는 이는 행복이요, 행복이 말과 함께 이루어지니 그것보다 위대한 것은 없다. 사람이 우주의 말과 함께 되려면 첫째는 일체의 자기가 없어야 하고 천인지가 합일하여야 한다. 둘째는 인간으로 살되 인간이 아니어야 하고 순리를 알아야 한다. 셋째는 나 아닌 남이 나임을 알 때 그대로 이루어진다. 그래서 말은 골라서 하고 잘하여 남에게 피해가 없어야 한다. 이것이 진리이다.

부서진 돌과 흙 조각에도 모두 그 마음이 있다면 마음이 있고 없고의 한계와 구분은 어디까지입니까?

삼라만상의 모든 형체 가진 것이 마음이고, 삼라만상의 모든 형체 가지지 않은 것도 마음이다. 그러니 마음이 있고 없고가 아니고 일체 만상이 다 마음이다. 한계나 구분이 없다.

도(道)란 무엇이며 왜 도를 해야 합니까?

도(道)는 길을 의미한다. 길이 무엇이냐 하면 걸어가는 길이다. 사람은 살아가면서 누구나 도를 하고 있지만, 도가 무엇인지 알지 못한다. 도는 바로 사는 삶 자체이지만, 그 도가 딴 곳에 있다고 착각하고 있다.

진리 속에서 삶을 살면 참도를 하고 있고, 진리 아닌 자기의 삶에 있으면 그 도는 거짓 길이다. 따라서 누구나 도를 하지만 어떤 이는 참 길을 가고 어떤 이는 거짓 길을 가는 것이 차이이다. 이 길을 바로 가려면 깨쳐야 한다. 그래야만 도를 한다고 할 수 있다. 도라는 것은 본래 없고 삶이 도이나, 사람이 자기를 만들어 살아가고 있으니 도가 있는 것이다. 그래서 비록 도가 없지만 사람은 도를 하지 않으면 안 된다. 왜냐하면 도를 하지 않으면 사람은 자기 마음과의 싸움과 그 짐을 영원히 벗지 못하기 때문이다. 또 영원한 진리의 자리에 들지 못하니 번뇌와 망상이 영원하므로 사람들은 도를 하여 일체의 망상으로부터 헤어나야 한다.

그리고 도란 하늘에 이르고 닿는 것이므로, 이것만은 사람으로서 살아 있을 때 필연적으로 해야 한다.

인간은 누구나 자기의 아상(我相)을 벗으면 하늘이 된다. 이것을 공부함이 참도를 찾는 것이다.

화일(和一)이란 무엇입니까?

　화일(和一)은 하나 됨을 이야기한다. 하나 됨이란 우주의 모든 실상과 허상이 하나 됨이다. 사람과 모든 것이 하나 됨이며, 천인지가 하나 됨을 이야기한다. 화일을 인간에게 국한시킨다면 너나가 없는 하나 됨을 이야기한다. 대도(大道)는 천인지가 하나요, 너나가 없음이요, 모두가 하나 되는 완전함이다. 화일은 평화롭게 하나 됨을 이야기한다.

깨달음이란 무엇이고 어떻게 이룰 수 있습니까?

깨달음이란 사람이 진리를 앎을 이야기하는 것이다. 이것은 이론으로 앎이 아니고 자기가 마음으로 수용함이다. 마음으로 깨달음은 자기의 마음자리와 또 자기의 진아(眞我)를 발견하는 것인데, 이것이야말로 세상에 하나밖에 없는 진리이고 이 진리는 영원불변한 것이다.

지금까지 깨달음이 어려웠던 이유는 이 경지를 정확히 아는 스승이 없었기 때문이다. 이제는 누구나 일주일이면 본성을 깨닫는 경지에 이를 수 있다. 모든 것을 버리고 입산수도해서 깨달음을 얻지 않아도 이제는 일상생활 속에서 누구나 깨달음을 얻는 세상이 되었다.

"도(道)가 본시 없는데 내가 무엇을 깨쳤겠나"의 뜻은 무엇입니까?

　도(道)라 함은 하늘에 이르는 길이다. 다시 말하면 자아 발견의 길로 가는 것이다. 우주로 가는 것이다. 이 도가 없다는 뜻은 삶 자체가 도요, 도 아닌 행이 세상에는 아무것도 없건만 사람은 도를 밖에서 찾으려고 하니 이미 도가 된 것이고, 그 자체가 도이기에 도가 없다는 말이다. 일체의 아상을 벗으면 무(無)가 된다. 이 무가 본진아(本眞我)이다.

　그 본진아가 우주인고로 세상만물은 있는 그대로가 다 본자아이다. 이것이 하느님, 부처님의 나라이다. 사람이 하느님, 부처님 나라에 살고 있지만 깨달음이 없어 그 삶이 하느님, 부처님 나라인 줄 모르고 살아가는 것처럼, 손바닥 앞과 뒤가 모두 도이다.

'길 위에서 길을 묻는다'는 무슨 뜻입니까?

이 말은 사람의 삶 자체가 진리인데 그 진리를 엉뚱한 데서 찾으려고 한다는 말이다. 이 말이 무엇이냐 하면 일체를 다 깨달으면 바로 여기가 하느님, 부처님 나라인데 사람들은 그것을 모르고 도를 찾고 있다는 말이다. 손바닥 앞뒤가 모두 도(道)이며, 이것이 진리이다.

그 자리에 모든 것이 있지만, 사람이 모르는 것을 무조건 밖에서 구하려는 데 잘못이 있다는 말이다. 도(道)란 현재의 길 위에 있지 딴 곳에 있지 않다.

진아(眞我)란 무엇입니까?

　사람들은 흔히 본심(本心)을 가진 것이 참나인 줄 알고 있다. 본심이 참나임은 맞으나 그 본심이 무엇인지 아는 이는 없다. 본심이라 함은 본래 존재하는 마음이다. 본래 존재하는 마음이라 함은 형체로 변하지 않는 순수 마음을 이야기한 것이다. 그 순수 마음은 있지도 없지도 않은 것이나 사람의 입장에서는 없고 실제는 있다.

　그 진아(眞我)는 아는 것도 보는 것도 듣는 것도 교만도 착함도 모든 일체가 없음이나, 이것이 형체 있음으로 바뀌어도 역시 진아이다. 우주 삼라만상 있고 없는 모든 것이 진짜 자기이다.

　이 진아를 사람들은 발견하지 못하니 진아가 무엇인지 모르고 있다. 사람으로 태어나서 진아를 알면 죽어도 여한 없는 일인데, 사람들은 자기의 생각에 맞추어 진아를 생각하고 있으니 이것은 참이 아니다.

참나를 찾는 방법은 무엇입니까?

    사람은 누구나 자기의 형체가 있고 자기의 삶이 있어 참자기가 가려져 보이지 않는다. 거울이 더러우면 비쳐야 할 내가 비치지 않는 것과 같은 이치이다.

    참나를 찾으려면 그 거울을 맑게 닦으면 된다. 나를 닦음이란 일체 나를 없애는 것이다. 이것이 바로 자기를 찾는 자아 발견이다.

    지금까지는 많은 고행을 해도 참된 자아 발견을 하기 어려웠으나 이제는 누구나 쉽게 찾을 수 있게 됐다. 참나는 진리이고 우주이다. 그 우주가 바로 나임을 아는 것이 자아 발견이다.

도통(道通)시키는 방법은 무엇입니까?

　　도통이라 함은 마음의 근원에 접하게 되는 것인데, 그 근원을 알게
하는 것은 여간 힘든 것이 아니다. 마음의 근원이 어디인가를 사람에
게 가르치려면 다음 네 가지에 유의해야 한다.
　　첫째는 자기의 마음을 비우게 하여야 한다.
　　둘째는 자기를 없애고 그 마음을 찾아보게 한다.
　　셋째는 마음이 무엇이라는 이야기를 해주어야 한다.
　　넷째는 마음체가 무엇인가를 가르쳐야 한다.

열반이란 무엇입니까?

죽는 것이란 인간 육신의 수명이 다한다는 이야기이다. 도(道) 차원에서 열반이라 함은, 사람이 죽어도 그 마음에 가짐이 있으면 죽지 않으니 사람과 마음(영혼) 일체가 죽어 없어지게 하는 것이다.

이 열반 공부가 하느님 세계로 가는 공부인데 이 공부는 도통, 즉 마음자리를 알고 난 다음에 하는 공부이다. 이 공부는 완전히 자기가 없는 공부로, 살아 생전 갖가지 업과 습, 그리고 일체의 모든 것을 없애서 진아를 발견하는 공부이다.

버린다는 것은 없어짐이 아니라 전부를 찾음이요, 없어진다는 것은 없어짐이 아니라 모든 것이 그대로 있음이니, 이것이 열반이다. 이 열반이 대각이다.

열반에 이르도록 하는 방법은 무엇입니까?

　열반은 일체를 없앰이다. 다시 말하면 자기를 완전 열반시킴이다. 열반 교육 방법은 첫째, 자기를 없애기 위하여 모든 삶과 죄업을 다 회개토록 한다. 둘째, 그 회개가 안 되면 지적하여 준다. 셋째, 일체를 없게 하여 열반에 들게 한다. 넷째, 열반해서 신(神)의 세계에 가게 한다.
　행해야 할 방법으로는, 마음의 뿌리가 없게 하고 자기를 못 버림을 지적하여 주고 천상에 가게 인도하여 준다.

도인(道人)이라 함은 어떤 이를 말합니까?

사람들은 무엇인가를 깨쳐서 도인(道人)이 되려고 하나 도인은 가짐이 없는 것이 완전 도인인 만큼, 바른 길로 가지 않으면 도인이 되기가 무척 힘들다. 잘못하다 보면 자칫 빙의가 되어 다른 사람들에게 무엇을 아는 듯이 말하고 행동하는 것이 도인인 것처럼 인식할 수 있다.

진정한 도인은 진리에 밝아야 하고, 진리 그 자체가 되어야 한다. 사람들이 도인이 되려면 참 스승이 있어야 하는데 자기 혼자 닦아서는 어느 세월에 닦을지를 모른다.

도인도 도인 나름인데, 최상의 도인이라 함은 살아 있되 삶에 있지 않은 도인이 최상의 도인이다. 일체 자기의 마음이 없는 도인이 최상의 도인이다. 없는 가운데 만사가 있음이요, 있는 가운데 자기의 마음이 없음이다.

사람은 정도(正道)를 몰라서 토굴이나 산사 또는 여러 곳에서 공부를 해오고 있지만 대각을 이루기가 힘들고 이룬 이도 없으니, 바른 스승을 찾음이 최고의 지름길이다.

천안통(天眼通), 천이통(天耳通)은 무엇이며, 신족통(神足通), 타심통(他心通), 누진통(漏盡通), 숙명통(宿命通)은 무엇을 이르는 말입니까?

천안통이란 하늘의 눈을 갖는 것이다. 하늘의 눈이란 하나의 마음 체인 화기(和氣)의 눈이다. 이것은 거리가 없고 또 시간이 없으며, 땅 속과 하늘 위 구분이 없으므로 어느 곳이든 순간에 볼 수 있다. 천안 통은 대각자만이 가질 수 있는데, 일체 자기가 없으면 천안통이 이루어진다.

천이통이란 자기가 우주가 되어 하늘의 말, 즉 우주의 말을 들을 수 있는 것이다. 이 우주의 말은 진리이므로 정확하나, 사람의 마음이 만든 일반계에는 맞지 않는 경우도 있다.

천이통이 되면 진리에 대한 어떤 물음에 대해서도 하늘이 항상 대답을 하므로 이를 들을 수 있다. 누진통과 함께 천안통, 천이통이 되면 타심통, 신족통, 숙명통은 저절로 이루어진다.

신족통이란 신(神)을 다리로 삼아 현상계의 무엇이든 명령해서 움직이거나 이루게 하는 능력을 말한다. 신족이란 무(無)의 화기(和氣)이므로 모든 것이 이루어질 수 있다. 신족통은 일반 사람에게는 이루어지지 않으며 대도인(大道人)이어야 행할 수 있다. 즉, 각 분야의 신(神)에게 지시, 명령을 하여 무엇을 이루게 하므로 신족통은 대단한 위력을 발휘할 수 있다. 자신이 필요한 것을 진실된 마음에 바탕을 두고 바라면 그것이 신(神)에 의해 실행되는 것, 이것이 신족통이다.

타심통은 상대의 마음을 아는 것이다. 그 마음을 아는 것은 완전 내가 없는 가운데 이루어진다. 그 마음이라고 하는 것은 없음인데, 없는 가운데 있음이니 그것이 진리이다.

없는 사람의 마음은 읊을 수가 없고 마음이 있는 이는 읊을 수가 있다. 맑은 물에 구정물이 들면 알 수 있고 그 구정물의 양도 알 수 있는 이치이다.

누진통이라 함은 참진리이다. 일체의 아(我)를 벗은 완전 해탈 경지이다. 이것은 완전한 없음이며 아무것도 없다. 없는 가운데 모든 것이 있음이며 삼라만상은 모두가 있되 없음이다. 없는 것이 만상을 낳으니 그것이 진리이다.

숙명통은 상대의 운명을 아는 것이다. 상대의 마음을 보아 운명을 아는 것이다. 마음에는 과거, 미래, 현재가 없으므로 그 마음을 볼 수 있다.

하늘에는 여러 층이 있습니까?

사람이 하늘에 하늘을 만들었지 원래 하늘에는 여러 층이 없었다. 선천(先天)에는 하늘을 여러 층으로 분리하여 왔으나 후천(後天)에는 하나이다. 분리 지은 것은 사람이지 하늘에는 층도 없고 있는 그대로가 하늘이며 하나이다. 우주가 둘이 아님을 알면서도 하늘을 하나로 보지 못함은 진리가 아니다.

진리는 층이 없고 있는 이대로가 진리고, 진리는 하나이니 하늘에 층은 없다. 흔히 말하는 구천이라 함은 지구 지름의 9배 높이의 하늘을 일컫는 것이고, 또 33천 도리천이라 함은 지구 지름의 33배의 하늘을 이야기한 것이다. 그러나 우주는 이것의 수억만 배보다 더 크다. 끝이 없다.

신선(神仙)은 어떤 이들입니까?

　신선이란 일체의 자기가 없는 사람이다. 자기가 없다 함은 몸과 마음이 없음을 이야기한다. 사람의 몸과 마음이 있는데 없다고 하는 것은, 도를 닦아 대각의 경지에 이르러 그 자체 아상(我相)이 일체 없음을 이야기한다. 이것이 신선이다.

　신선은 내가 없어 천상의 일도 지상의 일도 또 인간의 일도 알 수가 있으니, 천상을 자유자재로 오르내릴 수도 있고 지상, 천상, 인간의 모든 것을 다 알 수 있다. 이때까지는 참 신선이 없었다. 앞으로는 많은 신선을 볼 것이다. 그러나 일반 사람은 신선을 보고도 신선인 줄 모른다. 도인(道人)만이 판단할 수 있다.

선계(仙界)란 무엇입니까?

선계란 화기(和氣)를 이야기한 것이다. 신선(神仙)이란 사람의 몸
이 땅에 있되 선계에 살고 있는, 다시 말하면 천상에 살면서 땅에서도
살고 있는 것을 의미한다. 하늘·땅에서 같이 사는 것을 선계라 하는
데, 사람들이 흔히 인간 몸으로 하늘에 사는 것으로 잘못 알고 있다.

이 경지는 최고의 득도를 하여야 하고, 일체의 자기가 없어 본자아
로 간 사람만이 선계에 살 수 있다.

신의 세계란 어떤 곳이며 어떻게 구분되어 있습니까?

　신(神)이란 천상에 머무는 것이다. 천상이라 함은 인간세상이 아닌 곳을 이야기한다. 인간세상이 아닌 천상에 머무는 신은 모든 영들의 으뜸 자리이고, 이 신은 자유자재여서 구속과 속박이 없다. 이 신계에 사람이 죽어서 가려면 열반해서 일체가 없어야 한다. 그러나 일반적으로 사람이 죽어서 영혼을 가진 상태에서 가려면 수천 년이 걸리니 살아생전 깨달아야 한다.

　선천에는 하늘세계에 많고 많은 신들이 있었다. 그들은 제각기의 임무가 있고, 신의 종류에 따라 다르다.

　신의 종류는 천상천하의 주인인 최상신이 있다. 이 신은 하늘의 최고 신이고 우주 전체를 통솔하며 없는 곳이 없는 신이다. 그다음은 최상신을 돕는 신이 있고, 그다음은 각 지역 하늘의 신이 있고, 그다음은 각 나라의 신이 있고, 그다음은 용왕신, 산신과 각 곳의 신이 있다. 이 신들이 하는 역할은 신이 다스리는 곳에 최고의 위치에 있으면서 영 혹은 사람이 순리를 어기면 화를 입게 한다.

　순리는 천도이고 진리이니 신은 순리를 알고 있어 순리에 어긋나면 신이 용서하지 않는다. 이것이 신의 세계이다. 신의 세계 아래가 영혼의 세계이다.

천사와 선녀는 하늘에서 어떤 일을 하며 어떻게 생겼습니까?

천사와 선녀는 다르게 부르지만 서로 같다. 천사는 하늘에서 일을 하면서 하느님의 말씀을 지상과 연결해 준다. 천사는 영안으로 보면 날개도 달렸지만 날개 없는 이도 있다. 날개 없는 이는 조금 더 깨친 것이다.

이들은 하는 일이 각각 달라서 자기가 맡은 분야에서만 일을 하게 되어 있다. 즉 천사들은 영과 신의 중간 단계이다. 천사가 더 오랜 시간이 가면 신이 되는 것이다. 쉽게 이야기를 하면 하늘의 심부름꾼이다. 그 천사가 사람에게 하늘 소식과 하늘의 모든 것을 전하여 준다.

천사는 언제나 인간 편에서 일을 하기 때문에 사람들은 천사와 아주 밀접한 관계에 있다. 인간은 천사를 보지 못하나 천사는 사람을 보고 그를 돕기도 한다. 천사는 세상일에 많이 관여하기도 한다.

천사는 사람 마음에 가까워서 실수를 저지르는 경우도 있다. 천사는 항시 가진 마음을 놓지 못한다. 그래서 천사는 하늘에서 꾸중도 많이 듣는다. 천사는 영에서 신으로 넘어가는 단계를 넘어야 비로소 자기를 찾아간다.

그 수난은 엄청난 과오와 실수의 연속에서 이루어진다. 천사는 세상에서 살 때 가졌던 모습을 오래 간직하며 놓지 못한다.

천사는 하늘의 명으로 인간에게 심부름을 하며, 그 심부름을 통해 인간을 감동케 하기도 한다. 감동케 하는 것은 천사가 행하는 일종의

특유한 기적이다. 영안이 밝은 사람은 천사를 볼 수 있고 천사의 행을
다 살필 수가 있다.

상상의 동물로 알려진 용이나 봉황은 실재합니까?

용이 없으면 왜 용이라 했겠는가? 용은 실제 존재하나 사람 눈에 띄지 않으니 상상의 동물이라 하나, 실제는 깊은 산속에 있다. 하늘을 날아다니며 주로 밤에 이동한다. 한국에도 있으나 아주 극소수이다. 지리산, 태백산 등에 산다. 날개가 없지만 비늘을 이용하면 그 몸이 유연하여 날게 되어 있다. 암수가 있으며 번식은 아주 드물게 하니 개천에서 용 났다는 말이 있다. 겨울에는 땅속에서 동면하는데 용의 먹이는 파충류이다.

용이 승천한다는 말이 있는데, 이것은 단지 날아서 옮겨가는 것이지 하늘에는 용이 살 곳이 없다. 사람들은 옛날에 이를 몰라 하늘로 날아 올라가면 하늘나라로 가는 줄 알았다. 그 수는 옛날이나 지금이나 비슷하다. 옛날에는 인가(人家)에 나타났으나 지금은 나타나지 않는다.

'용뺀다'는 말이 있는데, 이 뜻은 대도인이 환상의 용을 빼내는데, 다시 말하면 영체의 용을 빼내어 이용하는 것이다.

봉황도 실재한다. 중국에 살고 있으며 크기는 큰 사람의 키만하다. 산에서 사는데 잘 보이지 않기에 희귀 동물이며 그 수는 많지 않다.

수호신이란 무엇입니까?

수호신은 자기 자신을 보호하는 신이다. 수호신은 자기의 크기에 따라 다른데, 이 신은 누구에게나 있다. 대각한 사람에게는 수호신의 위력이 엄청나다. 그 마음의 크기에 따라 수호신이 정해지는데, 그 마음이 없을 때 수호신은 바로 하늘이다. 완전히 자기가 없으면 어떤 화도 미치지 않는다. 이것이 수호신이다.

후천은 여성이 득세하는 시대라고 하는데 그 이유는 무엇입니까?

여성이라 함은 위대함이다. 위대하다는 것은 음양 가운데 음인 여성이 인간을 창조하고, 그 여성으로 인해 세상에 있는 모든 것이 다스려지니 음은 위대하다는 것이다. 이 지구의 근본도 원래는 음이었으나 그 음이 양을 만들고 그 양이 다시 천지만물을 만드니 모든 근원은 바로 위대한 음이다.

없는 가운데 실상이 있는데, 없음 그 자체는 음이고 실상은 양이다. 그 양에서 온도와 습도와 바람에 의하여 다시 음과 양으로 분리되어지니, 그 음양이 조화하여 번식하는 것이다. 음이 있되 양이 없어도 되지 않고, 양이 있되 음이 없어도 되지 않는 것이 천지간의 이치이나, 음은 근본적인 모든 것을 탄생시키니 음은 핵이요, 양은 껍질이다.

선천에서는 양의 힘에 의하여 음이 눌리어 있었으나 이제는 음이 득세하는 곤의 시대여서 모든 것은 음에 의하여 이루어진다. 음과 양은 같되 음의 시대에는 음이 기득권이 있고 양은 그 뒤에 숨겨져 있다.

여성들은 위대하다. 후천은 여성이 득세하는 시대이고 여성의 시대이니, 남자들은 저마다 사랑과 정으로 여성을 돌봐주어야지 명령이나 교만한 행동으로 행했을 때는 복이 감소하게 된다. 그러나 여성이 여성답지 않을 때는 그 화는 여성 자신에게 미치니 이것도 진리이다.

모든 복은 겸손한 데에 있지 교만한 데에는 없다. 인생에도 잘사는 삶, 못사는 삶은 없되 화목이 최고이어야 하고, 모두가 화일(和一)되어야 한다. 사람이 살면서 화목하게 살아도 얼마 살지 못하는데 사람의 마음을 이용하여 자기만 잘살려고 하면 그 잘못된 삶은 자기에게 돌아오는 법이다.

선천의 여성들은 가정을 지키고 살림살이를 하는 역할에 그쳤으나 후천의 여성들은 모든 것이 같아지므로 함께 사는 분위기가 고조돼 여성의 지위가 높아진다. 그러나 여성도 교만과 아집과 아상과 자존을 버릴 때만이 그 복을 누릴 수 있다.

천인지 합일(天人地合一)이란 무엇입니까?

천인지(天人地) 합일이란 하늘과 사람, 땅이 하나 됨을 의미한다. 하늘과 사람과 땅이 왜 하나가 되느냐 하면 하늘, 사람, 땅이 나온 곳이 원래는 하나이기 때문이다.

천인지 합일을 하려면 첫째 천인지가 모두 함께 열반을 해야 한다. 하늘에 있는 모든 신명을 하나로 만들고, 땅과 사람도 하나로 만들면 천인지가 합일된다. 앞으로는 천인지가 합일된다.

하늘의 모든 신과 영은 무(無)의 화기(和氣)인 없음이 되고, 땅의 모든 신명도 무의 화기가 되어 하늘로 가고, 사람도 일체가 하나가 된다. 죽으면 무의 화기로 하느님 본체로 가니, 앞으로는 천인지가 완전 합일된다. 이 모든 것을 열반시킬 줄 알아야 구세주이다.

선천의 모든 종교는 자기가 죽어도 있음을 가르쳤으므로 하늘에 각 신(神)들도 있었고, 사람도 각자가 있으니 천당과 극락과 지옥도 있었다. 앞으로는 사람도 열반시켜 하나 됨으로 하고, 지구의 모든 신도 하나 됨으로 하고, 하늘도 모두 하나 됨으로 하니 천인지가 모두 합일된다. 선천에는 진리가 아닌 자기가 있기에 사람이 죽으면 영혼인 마음이 있다가 수천 년이 지나야 깨닫고 하느님 나라에 들 수 있었다. 앞으로는 천인지가 합일하여 모두가 하나 되니 완전함이 된다.

앞으로는 사람이 죽으면 누구나 완전함으로 가며, 삼라만상의 모든 것도 완전함으로 가니 삼라만상의 주인이 나이다. 천상에는 예전의 선천처럼 미완성된 천당과 극락을 만들어 너나가 있음이 아니라 일체의 내가 없이 열반한 사람은 하늘에서 신으로 영생한다. 그 신은 지상에 살던 형체와 하나 됨이어서 인간이 하늘에서도 으뜸이니 이제는 인존시대이다.

사람들의 마음은 착해지고 모두가 하나 되니, 부딪침이 없는 완전함이다. 순리로 살고 순리로 되기를 바라니 욕심이 일체 없고 너나가 없어지니, 땅에서 이루어지듯 하늘에서도 이루어진다. 천인지 합일이 되면 땅도 하늘도 천국이라 사람은 어디를 가나 천국에서 살게 된다.

성인(聖人)과 전인(全人)의 차이는 무엇입니까?

성스럽다는 것은 자기가 없음을 말한다. 자기의 생명을 남을 위해 바치는 것도 성스러움이요, 남을 위해 사는 것도 성스럽다. 즉, 성인이란 남을 위해 산 사람을 일컫는다.

성인보다 더 나아간 사람이 전인이다. 전인은 말 그대로 완전한 사람이다. 완전함이라 함은 완전히 자기가 없는 사람이다. 전인은 자기를 희생하는 성인보다 한 차원 높은 사람이다. 살아 있되 살고 있지 않고, 숨은 쉬되 있지 않은 사람의 경지가 완전한 사람의 경지이다.

완전한 사람은 걸림이 없고, 완전한 사람은 막힘이 없고, 완전한 사람은 고통이 없고, 완전한 사람은 희비가 없고, 완전한 사람은 천지만상의 주인이니, 완전한 사람은 성인보다 한참 위이다. 이제는 완전한 사람을 볼 것이다. 안 되는 것이 없는 사람이어야 하니 완전한 사람이다. 이 완전한 사람이 지구가 생기고, 아니 우주가 생기고 처음 나왔다. 무조건의 희생이 아닌, 대를 위하여 소를 희생할 줄 아는 순리를 가진 사람이 나왔으니 우리의 앞날은 밝다.

말세와 새 시대의 정의는 무엇입니까?

　말세라 하면 새 시대가 오기 전을 말하나 그 말세는 이미 지나갔다.
새 시대는 하늘의 도가 시작되는 때이고, 말세라 하면 미완성 시대의
끝을 말한다.
　새 시대는 천인지가 합일하여 사는 시대이다. 미완성 시대는 하늘
도 땅도 사람도 모두가 제각기였던 시대이다. 이제는 새 시대가 시작
되었다.

정감록에서 '말세의 구세주는 해인(海印)을 갖고 와야 한다'고
했는데, 그 뜻은 무엇입니까?

　우리는 해인을 어떤 물체로 잘못 알고 있으나 말세의 구세주는 우
주의 진리를 가져와야 한다는 뜻이다. 해인(海印) 즉, 우주의 진리를
가지려면 대각인 열반을 하여 우주 본체신과 신인합일(神人合一)하
여야 한다. 따라서 우주의 진리를 알고, 사람을 열반시켜서 신인합일
시킬 수 있고, 사람들도 해인을 갖게 해야 진짜 주인이며 구세주이다.
　해인은 우주의 이치에 막힘이 없는 진리라는 뜻이다.

구세주의 능력은 어떠해야 합니까?

    일체의 진리에 막힘이 없어야 한다. 하늘의 왕이어야 한다. 인간을 평정으로 가르칠 수 있어야 한다. 인간에게 진리를 가르쳐야 한다. 도통시켜 세계의 스승을 배출해야 한다. 인간 삶의 완전한 해결 대안이 있어야 한다. 인간에게 자기의 근본을 찾는 순리를 가르쳐야 한다. 인간에게 자기의 책임을 할 수 있게 해야 한다. 천인지 합일사상을 가르쳐야 한다. 인간의 뜻으로 모든 것이 이루어지도록 하는 힘이 있어야 한다.

    세상의 일체를 다 열반시켜 개체가 없게 하여 모두를 하나 되게 해야 한다. 모든 것이 참뿐인 세상을 만들어야 한다. 하는 일 모든 것을 없는 마음으로 하여 너나가 없어야 한다. 인간의 죄업을 벗겨주어야 한다.

하나님이 직접 구세주로 내려와 인간세계를 바로 잡으려는 이유와 뜻은 어디에 있습니까?

이것은 천(天)의 순리이다. 하늘의 순리라 함은 어떤 목적과 뜻이 없고 저절로 되는 것이다. 굳이 뜻이나 목적이라 하면, 인간이 인간답게 살지 못하고 종교는 파당을 짓고 자기 멋대로 세계를 만들어 사람의 가슴에 거짓의 뿌리를 심어주니, 이 거짓과 바름을 구별시켜서 바르게 인도하기 위함이다.

또 바름이어야 하느님 나라에 올 수 있으므로 미완성을 정리하고 완전함을 가르쳐서, 살아서도 천국에서 살고 죽어서도 천국에 사는 방식을 가르치려는 것이다. 그래서 천인지가 합일하는 세상을 만드는 것이다. 이것이 하느님이 직접 구세주가 되어 현세에 내려오시는 뜻이다.

새로운 천국은 어떻게 건설되며 새 하늘, 새 땅이란 무엇을 의미합니까?

새로운 천국은 모든 이가 공평하여야 하고
인간의 고통 일체가 없어야 하고
사람으로 살았던 영광을 알게 하고
인간이 인간답게 살도록 하여야 하고
일체의 문명·문화가 있어야 하고
상상 못할 아름다움을 갖추어야 하고
상상 못할 자연 배경을 갖추어야 하고
상상 못할 동물의 세계를 갖추어야 하고
상상의 동물도 흔히 볼 수 있어야 하고
세상에서 최고 좋은 산수보다 수십만 배 더 아름다워야 하고
모든 정보를 받을 곳이 있어야 하고
가난한 자와 부자가 없어야 하고
영원토록 부귀영화를 누려야 하고
영원토록 부족함이 없고
영원토록 하고 싶은 것 할 수 있고
일체 모든 것이 갖추어져야 하고
서로 남이 없어야 하고
모두가 하나 되어야 하고
조상과 함께 살아야 하고

집은 모두가 공정하고 상상 못할 아름다움 갖추어져야 하고
즐거움만 영원히 있어야 하고
서로 적이 없어야 하고
자기 마음먹은 대로 다 되어야 하고
사람이 영원히 추구해도 이루지 못하는
경지의 일체가 갖추어져야 하고
인간이 영원히 다 와도 공간이 그대로여야 하고
환상의 최고 아름다움이어야 하고
가슴 아픈 일이 일체 없어야 하고
영원무궁 즐거움과 아름다움만 있고 싫증남이 없어야 하고
일체의 부족함이 없고 더할래도 더할 수가 없어야 한다.
이것이 새로 만드는 천국이다.

과학·우주
제 2 편

우주의 중심은 각 개체의 만상이 있는 곳이다.

우주는 끝이 없기 때문이다.

과학이란 무엇입니까?

과학이란 이 세상에 있는 물질을 이용하여 인간이 살아가는 데 편리하도록 어떤 상상이나 생각을 실현시키는 것이다. 우주의 과학은 순리여서 막힘이 없고, 또 전지전능함이어서 만들어진 개체가 각각 그대로의 완전함으로 만들어졌으나 인간의 과학은 순리가 아니라 욕심에서 만드니 잘못된 것이 수없이 많다.

인간의 과학은 한계가 있다. 여기에 완전한 과학이 영입되지 않으면 인간은 과학에 의하여 죽게 된다. 과학이 세상에 있는 것을 이용하여 만드는 것이기는 하나 사람이 순리를 모르면 위험하기 그지없고 계속 발전하지 못하고 막힘이 있으니 그 한계가 정해져 있다.

이제 과학의 한계는 드러났다.

인간의 머리로 과학의 답을 얻는 것은 한계가 있다. 기본적인 원리를 모르고 과학을 하는 것은 항상 한계에 부딪히니, 과학은 인간을 최고의 문명 생활로 이끌기는 하나 완전한 과학이어야 정답이 나온다.

인간의 머리는 한계가 있고 지능도 한계가 있으나 우주의 지능은 인간의 지능보다 수억만 배이니 안 될 것이 없는 것이다. 이제는 도를 통해 우주의 과학을 해야 할 때이다. 다시 말하면 우주가 되어 과학을 할 때이다. 앞으로 인간은 더 깊고 넓은 우주의 과학을 하늘로부터 깨치게 될 것이다.

아인슈타인의 상대성 이론은 무엇을 말하며, 이것은 진리에 맞습니까?

아인슈타인은 상대성 이론을 과학적으로 설명했으나 진리 측에서 볼 때도 맞는 이론을 제시했다.

상대성 이론은 세상의 어떤 물체든 그 물체가 없어지면 상대적으로 그 질량만큼 열과 에너지로 화한다는 것이다. 사람 눈으로 보아서는 그 사실이 의아하게 생각되나, 세상의 모든 일체는 그것이 없어지면 사차원의 세계인 완전함에 영입되니 진리 측에서도 맞는 이야기이다.

인간의 우주 개발은 어떤 장단점이 있으며 한계는 어디까지입니까?

　인간의 우주 개발은 현재 거의 한계에 이르렀다. 왜냐하면 사람이 아무리 빠른 물체를 만들어도 빛보다 빠르지는 못하므로 넓은 우주에서 10만 광년이 걸리는 곳에 가려면 빛으로 10만 년을 가야 하기 때문에 도저히 불가능한 실정이다. 여기에 새로운 정보, 다시 말하면 인간이 풀지 못하는 사차원의 세계가 영입되지 않고는 우주 개발엔 한계가 있다.

　지금 하고 있는 것도 달 이외에 외계에 나가는 우주선은 기껏해야 가는 곳이 태양계의 일부이다. 이 끝도 없는 우주를 개발하는 데에는 완전함이 있어야 하는데, 사람의 머리로는 한계가 있다.

과학자들이 우주가 생기는 최초의 원인을 빅뱅(Big Bang, 대폭발)으로 주장하고 있는데, 사실입니까?

과학자들이 우주를 나름대로 평가하고 있지만 그들은 우주 자체를 모른다. 우주는 끝이 없고 전지전능하며 모든 것은 이 우주에서 있고 없고가 되는데, 우주가 대폭발로 이루어졌다 함은 잘못된 이야기이다. 우주는 원래 있었으며 영원무궁한 것이어서 폭발한 것도 아니고 그대로 존재할 따름인데 인간이 자기 생각에 맞추어 이야기하는 것은 잘못이다.

우주의 원체는 원래 공(空)이어서 그 실체가 있다가 없어졌다 함이지 폭발을 하여 우주가 튼다든지 만들어진다든지 하는 것은 잘 모르기에 하는 이야기이다. 진리는 세월이 가도 변하지 않고 영원무궁한 것이기에 그 진리에 어긋나는 이야기는 상상에 불과하다.

과학자들은 우주가 수명을 다한 뒤 수축하다가 다시 합쳐진다는 '빅 크런치(Big Crunch, 대붕괴)' 학설을 내놓고 있는데, 우주의 미래는 어떻게 됩니까?

　과학자들이 우주가 수명이 있느니 없느니 하는 것은 잘못된 것이다. 우주는 자체가 생명이어서 영원하다. 이것은 일체 없는 가운데 만상이 나고 만상이 다시 귀의하는 곳이다. 사람이 생각하는 수명은 시간의 한도를 이야기하나 우주에는 시간이 없기에 그대로이다.

　그 우주를 인간의 관점에서 보고 수명을 이야기하지만 사람의 머리는 자기와 마찬가지로 보고 판단하니 그런 것이다. 우주는 수명이 없다. 우주가 수명이 있으면 진리상 갈 곳이 있고 올 곳이 있어야 하는데, 가고올 곳이 없기에 수명이 없다. 수명이 다함이 없기에 빅 크런치 학설은 맞지 않다.

　우주의 미래도 실체가 있다 없다의 반복인 영원 그대로이다. 진리는 이것밖에 없고, 늘어나는 것도 줄어드는 것도 아닌 이것이 우주이다.

우주가 팽창하고 수축하는 것이 맞습니까?

우주가 큰다는 것은 실제는 그대로 있으나 인간의 마음이 그렇게 보기 때문이다.

우주는 원래 그대로인데 인간이 커가고 있다고 생각하니 그런 것이다. 우주는 끝이 없는 그대로이다. 없어지지도 더 불어나지도 않는다.

사람이 보지 못하던 것을 과학으로 보고 마치 자기가 직접 본 것처럼 이야기하지만 우주는 보이지 않는다. 그 크기를 안중으로 생각하면 아주 잘못된 것이다. 이 우주는 빛으로도 영원히 못 가는 곳이다. 이것이 무극이다. 인간은 우주가 팽창을 한다거나 또 수축한다고 하지만 우주는 팽창도 수축도 하지 않는다. 만물이 나오는 것도 그대로이다. 이것이 진리이다.

우주의 중심은 어디입니까?

　우주의 중심은 각 개체 각 만상이 있는 곳이다. 그 이유는 우주가
끝이 없기 때문이다.

지구는 어떻게 창조되었고 역할은 무엇이며, 수명은 몇 년입니까? 지구가 별 중의 별이라는 이유는 어디에 있습니까?

지구가 생긴 것을 우리는 왜, 어떻게로 이야기하나 창조되었다는 말도 맞고 저절로 생겼다는 말도 맞다. 진리상으로 보면 거대한 우주는 들숨과 날숨에 의하여 천체의 어떤 형체가 형성되는데, 지구도 전지전능한 우주에 의하여 탄생된 것이다. 수명은 아직 수십만 년이 남았다.

수명을 다하면 지구는 사차원의 세계로 간다. 인간은 지구 수명이 다하기 전에 딴 곳으로 이주하여 살 수 있는 지혜를 갖게 된다. 지구가 별 중의 별이라는 것은 지구만이 모든 생물체들이 살고 있는 고귀한 별이기 때문이다.

태양은 어떻게 구성돼 있으며 역할은 무엇입니까, 수명은 얼마나 되며 우주에 이와 같은 태양이 또 있습니까?

태양은 큰 기체 덩어리로 형성되었다. 태양의 역할은 지구를 위하여 만들어졌다. 왜냐하면 우주에는 태양 같은 별이 많이 있으나 지구만이 만상(萬象)이 있고 또 사람이 살고 있다. 그래서 태양은 지구를 위해 있는 것이다.

수명은 기타 별들과 다르다. 왜냐하면 태양은 지구를 위하여 있음이니 이 지구가 없으면 필요가 없는 고로 곧 없어지나, 지구가 있으면 계속 있게 되는 것이 태양이다. 이것이 하늘의 조화이다.

지구와 달이 공전, 자전하는 까닭과 그 힘의 근원은 무엇입니까?

우주는 원래 하나의 빈 상태였으나 그 빈 상태에서 지구와 달, 태양과 별이 나왔다. 그 지구, 달, 별, 태양은 스스로 자존하는 완전함이니 자전, 공전도 스스로 하는 것이다.

어떤 천체와 서로 당기고 당겨지는 힘도 자존이니, 만상은 스스로 살아가는 것이 본능이라면 본능이다. 완전함에는 무게도 없고 있는 것이 없는 것이므로 지구, 달, 별, 태양도 완전함이 볼 때는 무게도 없고 그냥 있을 뿐이다. 또 사람이 생각하는 미스터리를 가진 것도 바로 완전함이 하는 일이다. 지구, 달, 별의 공전, 자전도 스스로 존재하는 하느님의 뜻이다. 또 삶이다.

혜성(살별, 꼬리별)은 왜 생기며 혜성이 우주에서 하는 역할은 무엇이며 혜성은 우주에 얼마나 있습니까, 또 가는 길과 공존 시기가 일정합니까, 다른 별과 충돌할 수도 있습니까?

우주에는 혜성이 무척이나 많다. 이 혜성은 기체로써 일정한 영역이 없이 떠돌아다니는 별이다. 혜성은 우주에서 청소하는 역할을 한다. 다시 말하면 빗자루 역할을 하는데, 이것은 가는 길이 일정치가 않으며 다른 별과 충돌하는 경우가 아주 드물게 있다.

혜성이 생기는 것은 일반 다른 별의 생김과 같다. 혜성의 구성 물질을 사람들은 얼음이라고도 하나 얼음이 아니라 고체성을 띤 기체이다.

윤달이란 무엇이며 사람에게 어떤 영향을 줍니까?

　윤달이란 길고 짧은 음력의 달을 모아 3년에 한 달이 더 있는 것을
이야기한다. 원래 없는 달이라 하여 윤달에는 모든 것이 걸림이 없다
고 해서 무엇을 해도 괜찮다고 한 것이다.
　앞으로는 어느 달, 일, 시도 모두 관계가 없다. 왜냐하면 일체가 하
나가 되니 그렇다. 하나란 천인지가 하나요, 하늘, 사람, 땅이 일치가
되는 것이니 윤달과 같은 것에 구애받을 필요가 없다.

사람이 유전공학을 통해 새로운 동물과 식물을 만드는 것이 옳은 일입니까, 또 그 한계는 어디까지입니까?

사람이 새로운 동식물을 만듦은 순리는 아니다. 그러나 인간이 필요로 하면 만들어도 괜찮다. 사람이 으뜸이므로 인간이 필요한 것은 어떤 형질이든 무관하다.

그러나 순리가 아니기에 거기에 대한 부작용도 클 것이다. 무엇보다 있는 것을 잘 가꾸는 것이 순리이고 지혜이다.

과학자들이 세포 분열을 이용해 유전자가 똑같은 양을 만들어
내는 데 성공한 바가 있습니다. 신의 영역과 인간의 영역의 한
계는 무엇입니까?

신의 영역이라 함은 바로 순리이다. 순리라 함은 억지를 부리지 않
음이다. 신의 영역은 참이다. 참이 아닌 허를 만듦이 인간이 하는 일
인데 이것은 바람직하지 못하다.

사람이 몰라서 그렇지 신이 사람이고 사람이 신인데 인간의 영역
과 신의 영역은 따로 있음이 아니다. 순리로 살고 순리로 행하면 신의
뜻으로 사는 것이다. 인간은 신이기에 이를 깨달아 신으로 살아야 막
힘이 없지 인간의 생각으로 살면 한계가 있다.

인간이 진화되었다는 이론의 진위는 무엇입니까?

　이 세상의 만물과 인간은 모두 그 본질은 그대로이다. 이 말은 사람
은 사람이고 원숭이는 원숭이라는 말이다. 붕어가 피라미가 될 수 없
는 이유는 피라미는 피라미 나름대로의 혈통이 있고 붕어는 붕어 나
름대로의 자기가 있기 때문이다. 모양이 비슷해도 피라미가 붕어가
되지 못하는 것과 마찬가지이다.
　물론 시대의 여건이나 환경에 따라 변천한 것도 없지는 않으나 그
본질은 개체의 자기이므로 사람은 사람이었지 진화로 인해 원숭이가
사람이 된 것은 아니다. 여러 가지 물고기들의 형태도 이와 같다. 메
기와 가물치가 같지 않고, 미꾸라지와 가물치가 같지 않고, 붕어와 잉
어가 같지 않고, 피라미와 붕어가 같지 않다. 즉 진화로 인해 달라진
것이 아니라는 것이다.

생물의 돌연변이는 왜 일어납니까?

　사람은 사람대로의 염색체가 있고 식물은 식물대로의 염색체가 있다. 이 특이한 염색체가 모든 생물에 내재되어 있는데 아주 드문 현상으로 서로 만나는 것이 돌연변이다. 그러나 크기가 더 크다든지 또 작다든지 또 모양이 다르다든지 해도 본질은 같다.

　환경 요인으로 인한 돌연변이는 있을 수가 없다. 돌연변이란 말 그대로 갑자기 생기는 것이다. 환경 요인처럼 오랜 시간이 필요하지 않고 갑자기 태어난다. 환경 오염으로 인간이나 물고기가 등이 굽고 변하는 것은 돌연변이라 할 수 없다. 돌연변이는 모양, 크기, 색깔이 다 변해도 본질은 같다.

천재(天才)란 무엇이며 참다운 천재는 어떤 사람입니까?

천재란 하늘의 재능을 갖춘 것을 이야기하는데 하늘의 재능이란 우주여야 한다는 뜻이다. 일반 사람들이 말하는 천재는 얕은 인간 머리의 부산물이지 참다운 천재가 아니다.

참 천재는 허가 아닌 참의 대가(大家)이어야 한다. 참의 대가라 하면 진리와 생활과의 통용을 이야기한다. 일반인들이 이야기하는 천재는 머리의 한쪽 부위가 발달한 사람인데, 이것은 사람의 머리이기에 바로 인재이다. 참 천재는 우주의 머리여야 한다. 사람이 도(道)를 깨쳐 자기가 우주가 되면 참 천재가 될 수 있다.

지구상 곳곳에서 일어나는 기상 이변의 원인이 지구 온난화와 남미 등 태평양의 바닷물 온도가 상승하는 엘니뇨 현상 때문입니까, 태양의 흑점도 원인이 됩니까?

기상의 이변은 옛날과 지금이 별로 다를 바 없으나 많은 매스컴으로 인하여 정보가 사람에게 빠르게 전달되니 이변이 더 많은 것으로 보이는 것이다. 사실 지구는 그대로 있는 것 같지만 계절에 따라 남극, 북극의 기류가 교차하여 움직이니 이로 인해 폭설, 폭풍우가 발생된다. 이것이 심할 때 사람들은 기상 이변이라 하는데 이것은 기상 이변이 아니다.

물론 인간이 많은 공해 등으로 순리에 어긋나게 하여 자연을 해롭게 하였으니 그 대가는 인간이 받는 것이다. 예를 들어 오존층이 파괴되면 인간은 그 오존층이 다시 회복될 때까지 사람의 수효가 줄어드는 벌을 받아야 한다. 이것이 자연의 순리이다. 인간으로 인한 이런 이변들이 있음은 부인 못하나 너무 이렇다 저렇다에 얽매여 살 필요는 없다.

인공으로 비를 내리게 할 방법이 있습니까, 요오드화은과 드라이아이스는 구름에 날리고 뿌리는 것인데, 어느 것이 옳은 방법입니까?

가뭄이라는 것은 인간으로부터 온다. 인간으로부터 온다는 것은 인간이 가뭄을 오게 하는 환경 오염 행위를 저지르고 있으니 온다는 뜻이다. 사람이 비록 순리는 아니나 비를 내리게 하는 조치로써 비를 인공으로 만들어 보려고 하지만 경제 손실이 많고, 또 바라는 양만큼 바라는 장소에 비가 오게 하기 힘들다. 꼭 필요하다면 드라이아이스가 바람직하다.

비를 오게 하는 방안은 지금부터라도 대기 오염을 줄이는 것이 최상이다. 그 대기 오염으로 인하여 대기층이 두터워지니 비가 오지 않는다. 다음은 천제를 지내면 비가 온다. 다음은 순리에 역행하는 일을 하지 않으면 비가 온다.

이 말은 있는 대로 보고 있는 대로 행하되 그 있음을 없음으로, 없음을 있음으로 보지 말라는 것이다. 순리에 따르라는 이야기이다.

인간세상에서 불가사의한 일은 왜 생기는 것입니까?

세계의 도처에는 불가사의한 것이 많다. 그 불가사의가 생기는 첫째 요인은 인간의 힘이 아닌 신의 힘에 의하여 만들어지고 없어지기 때문이다. 또 신의 세계에서 인간에게 그 방법을 가르쳐주어 만들거나 없어진 것이다.

신의 세계이며 완전한 이곳이 사차원의 세계이다. 신의 세계는 무게 있는 물체와 형체가 있음을 없음으로, 또 없음을 있음으로 바꾸는 사차원의 세계이다. 모든 것은 이 원리에 의하여 만들어지고 없어지니 사람은 이것을 이해 못하여 사차원의 세계라 한다.

사차원의 세계란 무엇이며 어디에 있습니까?

   사차원의 세계란 빛과 시간·공간이 없는 세계, 즉 다시 말하면 일체가 없는 세계이다. 이 세계는 전지전능한 세계여서 일체 만물의 형체가 있지만 없고, 없지만 모든 것이 또한 있는 곳이다. 이것이 사차원의 세계이다.

   사차원의 세계는 온 우주이다. 사차원의 세계가 아닌 곳이 없는데도 사람은 사차원의 세계를 모르고 있다. 모든 형체도 사차원의 세계에서 나왔고 형체가 없어져도 사차원의 세계로 간다. 사람이 살아가는 모든 것이 사차원의 세계이나 그 사차원의 세계를 알지 못하는 까닭은, 사차원 세계의 본형질이 보이지 않기 때문이다. 보이지 않는다는 것은 인간 눈으로는 볼 수 없다는 말이다. 볼 수 없다는 것은 있되 보이지 않는다는 말이다.

   이 사차원의 세계는 인간의 생각과는 달리 전지전능하다. 전지전능하다는 것은 못할 게 없다는 뜻이다. 또 완전함이기에 천지만상의 어머니이기도 하다. 이것이 사차원의 세계이다. 이 사차원의 세계가 자기임을 아는 것이 도(道)이다.

어떻게 하면 사차원의 세계를 사람이 보고 들어갈 수 있습니까?

사차원의 세계는 눈으로 보임이 아니고 일체가 없는 세계이다. 없음 속에 전지전능한 만상의 어머니이니, 이 사차원의 세계는 인간이 이해하기 힘든 곳이다. 다시 말하면 우주 본체를 말하므로 이해하기가 어렵다.

인간은 원래 사차원의 세계에서 와서, 또 자기가 사차원의 세계에 살고 있지만 몸을 가지고 있기에 모르고 있다. 만상을 순식간에 나타내기도 하는 우주의 본체가 사차원의 세계다.

사람이 사차원의 세계에 어떻게 들어가느냐고 묻지만 자기가 들어 있는데도 모르고 있을 뿐이다. 이것이 사차원의 세계이다.

'마의 삼각지대'에서는 어떤 이유로 물체들이 사라집니까?

마의 삼각지대는 남미 쪽에 속해 있다. 거기는 지구가 숨을 쉬는 곳인데, 물체가 없어지는 이유는 숨을 쉬면 물체가 화기(和氣)가 되어 원래 나온 고향으로 되돌아가기도 하기 때문이다. 사람들은 그 마의 삼각지대에서 물체들이 없어지는 것을 신기하게 알고 있으나 없어지는 그 자체가 사차원의 세계인 우주의 근원을 가리킨다.

있는 물체가 없어진다는 것은 바로 실(實)이 무(無)요, 무가 실이라는 이야기이다. 즉, 실과 무가 같음을 말하나 사람들은 이를 이해하지 못한다. 그래서 마의 삼각지대는 인간에게 영원한 수수께끼요, 불가사의한 곳으로 남아 있다. 삶과 죽음, 있음과 없음을 같음으로 볼 때 그 마의 삼각지대의 비밀은 벗겨진다.

조그마한 배가 없어진다고 이상하게 생각하나 그보다 수천 배 수억만 배 더 큰 물체도 순간에 없애는 것이 우주이다.

피라미드는 어떤 원리로 지어졌으며 그 비밀은 무엇입니까?

피라미드는 고대 이집트 사람들의 무덤이다. 이 무덤은 하늘의 섭리를 따라 만든 것이다. 섭리라 함은 하늘의 이치를 이야기하는 것이다. 그 이치는 하늘 자체를 이야기하는 것이다.

그런고로 피라미드는 하늘이니, 하늘 자체에는 늙고 죽음이 없으므로 그 피라미드 속에 있는 시체들도 썩거나 변하지 않았다. 원리는 이와 같다.

사람들도 이 피라미드 원리를 사용한 집에 살면 더 건강하고 오래 살 수가 있다. 이 피라미드는 하늘이니 고대인들은 그것을 본뜨는 현명한 지혜를 가졌다. 그 지혜가 바로 오늘날에도 남아 있는 피라미드이다.

피라미드에는 특별한 비밀이 없다. 피라미드는 이집트에서 사람의 시체를 보관하는 하나의 무덤이다. 이 피라미드는 하늘의 원리인 사차원을 본떠 만든 것인데, 완전 사차원은 아니고 불완전 사차원이어서 시체가 썩지 않는다. 이상하게 생각되나 완전 사차원은 이것조차 없어짐이 완전함이다. 즉 형체가 있음이 완전 없어지는 것이 완전 사차원이다.

전설의 아틀란티스 대륙은 실제 있었습니까, 인류 문명이 어느 정도 발달했고 왜 사라졌습니까, 또 이것이 후천에 떠오릅니까?

전설의 아틀란티스 대륙은 실제 있었다. 엄청나게 큰 대륙이었고, 인류의 문명이 지금처럼 발전하지는 않았어도 최고의 번성기를 누렸다. 이 대륙이 갑자기 사라진 것은 지각의 변동에 의하여 지층이 서로 교차되었기 때문이다. 지구는 한 곳이 나오면 다른 곳은 들어가고, 또 들어간 곳은 나옴이 순리이다. 바다와 육지는 같음이나 지구의 변동으로 인하여 바다가 육지로 육지가 바다로 변한 것이다.

이 대륙은 엄청난 문화를 자랑했는데 자원이 풍부해 지금의 도시 못지않게 빌딩이 있었고 자동차도 있었다. 지금처럼 바다와 대륙이 있듯이 이들의 큰 대륙도 있었지만, 없어진 것이 전설화되었다. 이것은 사실이다. 얼마 있지 않으면 지금 대륙이 또 하나의 전설로 변할지도 모른다. 지구는 육지가 바다로, 바다가 육지로 여러 번 변하였다. 그리고 후천에는 다시 아틀란티스 대륙이 떠오르나 그때는 그 흔적이 약간 보일 것이다.

스님이 죽은 뒤 나오는 사리는 도통 경지나 정신적 수행에 따라 생기는 것입니까, 사리가 응집되는 이유는 무엇이며 부처님 진신 사리는 특별한 의미가 있습니까?

사람이 죽으면 속에서 어떤 물체가 나오는 것을 이상하게 생각하나 그 사리에는 아무런 의미가 없다. 사리는 반드시 수행과 도통이 되었다고 나오는 것이 아니고, 뼛속에서 골의 즙이 나오는 현상이다. 골기(骨氣)가 차서 넘칠 때 이 액이 나와 응고되면 사리가 된다.

이것이 뼛속에 차서 나올 때는 투명한 액으로 나오나 그 액이 일단 고체로 변하면 엄청난 열을 가해도 녹지 않고 단단하기가 그지없다. 특히 혼자 사는 사람에게 이런 현상이 많이 나타난다. 그 색깔로는 완전 자기가 없이 살면 투명한 색깔의 사리가 나오고, 억제를 하여 살면 빛이 덜 투명하다.

왜냐하면 자기가 없으면 체내의 모든 기가 순조롭게 돌기에 골즙이 투명하고, 억제하며 살면 기혈이 아무래도 탁하기 때문이다. 따라서 사리는 도통과 정신적 수행의 결과로 있는 것은 아니고, 사람이 정신적 목적을 위해 억제하여 살아온 데 따른 하나의 부산물이다.

사리와 다른 보석과의 차이는 사리는 골즙의 응고이고 보석은 보석이니, 다시 말하면 자연에서 얻어진 하나의 물체들이니 이것저것이 없다. 그것들은 각각의 그것일 뿐이다.

부처님 진신 사리가 그 양이 많은 까닭은, 부처님은 유난히 기혈이 왕성하신 분이시고 일체 자기가 없이 사신 분이므로 기혈이 정상적으로 돌아 더 강했기 때문이다.

특히 한평생을 수행을 하고 살아온 데다 또 자기가 없기에 사리가 투명하고 맑다. 이것이 다른 이의 사리와 부처님 진신 사리의 차이이다.

텔레파시는 무엇이며 어떻게 마음이 상대방에게 전달될 수 있습니까?

텔레파시라 함은 비실체적 존재물인 마음이 하는 것이다. 이 텔레파시는 그 사람의 마음이 작동해 전달하는 고로 마음이 빈 사람일수록 텔레파시에 민감하다. 그것이 전달되는 이유는 마음이란 원래 없기 때문에 내가 없으면 그것을 받아들임이 상대의 마음과 같아서 상대의 그 마음을 알 수가 있는 것이다.

세상에 사람이 먹으면 늙지 않는 불로초가 있습니까?

불로초는 없다. 사람은 세상에 태어나서 죽음이 순리이고 당연한 것인데 늙어 죽지 않도록 하는 풀은 없다. 삼라만상의 모든 형체는 모두가 없어짐이 순리이다. 영원히 산다고 부르짖는 종교도 다 사이비이다. 사람 몸으로 영원이란 없다. 사람이 먹고 있는 모든 것은 그 자체가 약이다. 한약을 먹는 것은 부족한 영양소를 보충하여 병을 고치거나 힘을 주는 것에 불과할 뿐이다.

우주만상의 모든 물체는 수명이 있다. 그런데도 사람이 죽지 않는다고 가정하면 세상은 아수라장이 될 것이다. 또 인간의 삶 자체가 고생이어서 너무 오래 살면 오히려 죽으려고 노력하는 사람이 더 많아진다. 사람이 다른 생물체보다 오래 사는 것도 하늘의 복이기는 하나 가난하고 빈천하여 힘들게 오래 삶은 죽음보다 못하고, 설령 오래 살았다고 하더라도 하나도 도움될 게 없다.

철학·사상
제 3 편

만물의 근원이자 진리는 바로 우주만상의 어머니인 화기(和氣)이다.

그로 인하여 천지만상이 나오고 들어가는 것이다. 이 근원을 알면 철학의 모든 의문이 풀린다.

철학이란 무엇입니까?

 철학은 철저하게 인간의 삶을 파헤쳐 배우는 학문이다. 이 학문은
인간이 주장한 생각 혹은 사상을 연구함도 되지만, 사람의 생각과 사
상이 진리와 다르니 사람에게 혼란만 야기시키는 경우도 많다.
 철학은 아무리 연구하여도 해결되지 않는다. 이를 해결하는 길은
오직 자아 발견뿐이다. 자아 발견을 하면 철학이 불완전하다는 것을
알 수가 있다. 설령 철학이 맞는 소리를 했더라도 그 핵이 없고 의문
에 대한 답이 없으니 완전함을 보여주지 못한다.
 철학이 인간의 사상이나 생각을 나열하여 놓았지만 그 사상이나
생각이 사람에 따라 다르니 문제가 있는 것이다.
 자아를 발견하면 철학, 사상, 생각의 옳고 그름을 판단하고 잘잘못
을 가릴 수 있다. 철학은 사람이 살아가는 데 필요하기는 하나 완전하
지 못함이 문제이다.

철학의 시조 탈레스는 세상 만물의 원질은 '물'이라고 했고, 아낙시만드로스는 '아페이론'(무한불멸의 성질을 갖는 것)이 차고 더운 온도 작용으로 유동체가 생기고 이것이 공기가 되고 공기로부터 만물이 생성됐다고 주장했습니다. 만물의 원질은 무엇이며 어떻게 생겨납니까?

탈레스가 세상 만물의 원질이 물이라 한 것과 아낙시만드로스가 무한불멸의 성질을 갖는 것이라 주장한 것은 맞지 않다. 만물의 원질은 순수한 화기(和氣)이다.

화기는 형체는 없으나 실제 존재하는 것인데, 공기는 화기 속에 부산물을 합한 것이어서 정답은 아니나 거의 비슷하게 갔다. 순수 화기여야 만물이 형성된다. 화기는 우주 전체의 진공층과 비진공층에 원래 있는 우주의 기를 말한다.

그리스 철학자 데모크리토스는 만물의 원질은 원자(原子)의 분열과 이동에 의해 이루어진다고 주장했습니다. 이것은 옳은 말입니까?

그리스의 철학자 데모크리토스가 만물의 원질이 원자의 분열과 이동에 의해 이루어진다고 한 주장은 잘못됐다. 만물은 생성될 때 원자보다 더 미세한 전자와 같은 화기(和氣)에 의하여 형성됐다. 이 화기는 실체는 없되 있는 것이니 그 실체가 형체로 바뀌면 이것을 탄생이라 하는 것이다. 이동에 의하여 이루어짐이 아니고 있는 그대로 이루어진다.

플라톤은 인간의 존재와 삶에는 세 가지 요소 즉, 올바른 지혜에 따르는 '식견'과 의지에 따르는 '용기' 그리고 욕망을 조절하는 '절제'가 기본적으로 있는데, 이 세 가지 덕목은 정의를 구현시키는 데 필요하며 이 정의는 최고의 이상인 선을 위해 필요하다고 하고, 이 세 가지 덕목을 갖춘 지도자가 통치하는 국가를 이상국(理想國)이라 하였습니다. 옳고 그른 점은 무엇입니까?

식견과 용기와 절제가 인간의 정의를 구현함이 아니다. 진정한 정의는 여기에 있지 않다. 바름이란 앎에도 있지 않고 용기에도 절제에도 있지 않다. 진정한 바름은 일체가 없는 것이다.

사람의 바름은 자기 자신이 없는 사람이 최상의 바름이다. 왜냐하면 자신이 일체 없으면 순리를 안다. 식견과 용기, 절제는 자기가 있기에 순리로 보지 않는다. 순리로 정치할 줄 아는, 완전 자기가 없는 사람이 통치하는 국가가 이상국이다.

소크라테스의 제자 아리스티포스는 "즐거움이 곧 선이요, 고통은 악에 속한다"며 최초의 쾌락주의자가 되었습니다. 쾌락주의는 어떤 뜻을 가지고 있으며, 또 즐거움과 쾌락은 어디서 찾아야 합니까?

이것은 아리스티포스의 생각이다. 즐거움도 고통도 같음인데 이 같음을 모르니 비뚤어진 것이다. 사람이 일시적인 쾌락에 의하여 살아가면 순리에 어긋난다. 그 쾌락은 순간이며, 거기에 엄습하는 후유증은 쾌락보다 더 크다. 사람이 사람으로 살되 사람에 있지 않고 순리로 살아감이 정도(正道)인데, 사람이 사람의 생각에 맞춰 행동하며 즐거움을 갖는 것은 즐거움이 아니다. 그 즐거움은 순간이지 인생이 아니어서 결과에 따른 대가는 자기가 받아야 하니 고통이 더 클 따름이다. 이것이 인과응보이다.

사람은 즐거움과 쾌락을 순리에서 찾아야 한다. 순리로 살면 물 흐르듯 흘러가니 고통을 당하지 않는다. 순리로 살면 만사가 순리이니 큰 쾌락과 기쁨, 즐거움이 이 속에 있다. 쾌락주의라 함은 육체적인 말초신경의 자극과 자기의 편안함에 역점을 두는 것인데, 아무리 잘 먹고 편안해도 순리가 아니면 자기가 그 잘못의 대가를 받음이 진리이다. 순리로 삶이 최상의 쾌락이다.

소크라테스의 제자 안티스테네스는 참 행복은 세속적 관심을 떠나 정신적 단순성과 정직한 노동에서 얻어진다고 보고, 행복의 원천이 되는 덕(德)에 따른 행위는 무욕(無慾)과 자기 억제를 전제로 하며, 바른 습관과 훈련을 쌓아 인격을 높이는 일이라 했습니다. 이것의 옳은 점과 잘못된 점은 무엇입니까?

안티스테네스가 이야기한 참 행복은 일리는 있으나 맞지 않다. 왜냐하면 참 행복은 참으로 걱정이 없음을 이야기하는데, 인간이 걱정이 없으려면 일체의 자기가 없어야 한다. 이 말은 자기가 살아 있되 자기가 없는 삶을 살면 고통이 원래 없으니 모든 것이 행복인데, 고행과 불행도 자기가 있으니 있는 것이지 자기가 없으면 없다는 말이다. 이것은 정신적으로 마음의 일체를 비우고 없애야만 되는 경지인데 지금까지는 일반 사람이 도달하기에는 매우 힘이 들었으나 이제는 도(道)를 통해 배우기가 쉽다.

사람이 밥 먹고 싶으면 밥 먹고 잠 자고 싶으면 잠 자고, 있는 대로 행동하는 것이 순리인데 억지로 자기를 억제함은 순리가 아니다. 억제에는 인격이 없다. 인격은 순수함에 있다. 순수함이란 일체의 자기가 없어 겉과 속이 같은 것이지 자기 억제에 있지 않다.

종교철학의 창시자인 로마 철학자 플로티노스는 이렇게 주장했습니다. "모든 존재는 유일자-절대자의 완전 선(善)-로부터 비롯됐으며 유일자는 초이성적 존재이므로 우리는 그 존재를 받아들일 수 있어도 충분히 인식할 수는 없다. 만물은 그 유일자로부터 빛을 발하듯이 나타났으며 유출되고 생성됐다. 유일자는 초절(超絶)해 있는 실재이므로, 우리는 그 유출된 만물을 통해 유추해 볼 수 있을 뿐이다. 그 최초의 직접적인 유출은 이성과 사고이며 이 일차적 유출에서 제2의 유출로 나타나는 것이 영혼이다. 제3의 유출이 인간의 육체이다. 따라서 우리의 영혼이 위로 이성과 정신으로 향하면 선과 빛으로 상승하나 반대로 영혼이 육체나 물질을 택하면 하강하는 운명에 빠져서 악과 암흑에의 퇴락을 가져온다." 이 주장의 옳고 그른 점은 무엇입니까?

플로티노스가 모든 존재가 유일자라고 말한 것은 확실히 모르고 추측한 것이다. 왜냐하면 그 유일자는 선도 악도 아니고 만상의 근본인 완전함으로부터 나왔으니, 그 완전함이 하나밖에 없는 유일자인 것이다.

또 사람의 영혼이 이성·정신으로 향하면 선과 빛이 되고, 육체나 물질을 택하면 악과 암흑의 퇴락을 가져온다는 주장은 잘못됐다. 왜냐하면 악과 암흑과는 관계가 없고 선과 빛과도 관계가 없다. 사람에게는 원래는 악도 없고 선도 없는데 스스로 이 악과 선을 만듦이니 이치에 맞지 않다. 사람은 자기가 선악을 만들어 행함이지 선악은 원래 없다.

그리스 신학자 오리게네스는 "인간과 세계 전체는 구원에 참여하며, 이것은 만물이 신으로 복귀하는 과정이다. 그리고 이 완성자는 육신을 입고 세상에 온 그리스도에 의해 성취된다. 따라서 신앙인들은 지상의 삶이 훈련과 징계의 연속이므로 세속적인 모든 욕망, 결혼, 병영, 관직을 버리고 초연한 신(神)과의 일치와 인정으로 돌아가야 한다"고 말했습니다. 이 말의 옳고 그른 점은 무엇입니까?

오리게네스가 한 말은 맞지 않다. 구원을 밖에서 얻으려는 잘못된 것이다. 어떤 특정인에 의해서 구원이 이루어지는 것이 아니고 자기 자신을 없애야만 되는 것이다.

그리스도는 하늘나라가 있음을 가르쳤고 또 하느님 나라가 가까이 왔다는 것만 알려주었지 실제로 구세주는 아니었다. 구세주란 세상 모든 것을 구원해서 일체 자기 자신을 없게 하여 하느님 나라로 가게 하는 이가 진정한 구세주이다.

세속적인 모든 욕망, 결혼, 병영, 관직을 버리라고 한 것은 잘못된 것이다. 사람이 살아가는 데는 버림이 곧 가짐이다. 다시 말해 결혼을 하지 않으면 그 마음에 욕망이 뿌리 깊게 박혀 오히려 하느님 나라에 들기가 힘이 드니 자신의 억제가 하느님 나라로 가게 하는 것이 아니다. 인간은 모든 것을 해가며 사는 것이 순리이다.

완전함이란 인간이 하는 행을 할 때 완전함이다. 인간이 인간의 본능을 저버리면 그 마음의 뿌리만 두터워 신계(神界)에 갈 수 없다. 이것이 미완성이고 지금까지의 미완성 종교였다.

이제는 누구나 하느님 나라에 갈 수 있고, 누구나 신이 될 수 있다.

하느님 나라는 생을 살고 있되 일체가 없음이다. 일체가 없다는 말은
가짐이 없을 때 하느님 나라에 들 수 있다는 말이다.

철학자 디오게네스는 '자유만이 궁극적인 목표'라고 믿고 무소유(無所有)를 통한 극단의 청빈과 무욕(無慾)에서 정신적 안정, 평화, 자유를 추구했습니다. 특히 그는 절구통 하나를 가지고 낮에는 통 위에 앉아 가르치고 밤에는 그 속에서 잠을 잤습니다. 그의 행위와 사상은 이치에 맞습니까?

　사람이 살아가는 데는 필요한 것이 있고, 또 생활하는 여러 가지 조건이 있어야 하니, 무소유로 안정·평화·자유를 추구함은 아무런 의미가 없는 허세이다. 사람이 필요한 물질을 가지고 살되 그 삶에 자기가 없으면 되는 것인데, 허세를 부려가며 무소유를 정당화하려는 것은 이치상 맞지 않다.

　진정한 무소유는 일체 모든 것을 가지고 있되 그 가짐에 있지 않고, 또 그 가짐이 없을 때 진정한 무소유이다.

이탈리아의 스콜라 철학자인 보나벤투라는 "신학의 정신은 신으로 가는 길을 찾는 것이며 신학에는 세 단계의 신학이 있다"고 했습니다. '상징신학'(신의 형상으로 만들어진 피조물인 자연에서 신을 보는 것), '고유신학'(신의 모습인 우리들이 영혼 안에서 신을 보는 것), '신비신학'(신을 직접 체험하고 인식하는 것)이 그것인데, 이러한 주장의 옳고 그른 점은 무엇입니까?

'상징신학'이라 하는 말의 올바른 정의는 자연 그대로가 신이라는 점이다. '고유신학'이라 하면 영혼 안에서 신을 보는 것이 아니고, 우리 몸 자체가 신인 것이다. '신비신학'이라 하면 신을 직접 체험하고 인식함이 아닌, 있는 그대로가 신이다. 신은 전지전능하기에 모자람이 없는 일체 만물이 신이요, 없는 것 자체가 신의 본체이다. 우리 개인의 영혼(마음)은 신이 아니다.

그 신은 자연 그대로와 우주만상 그대로가 신이며, 이 만상을 있게 한 완전함의 신은, 없는 가운데 만상을 나투게 한 것이다. 이것이 각 종교가 이야기하는 절대자이다. 그래서 보나벤투라는 자기가 생각한 것을 말한 것이기에 옳지 않다.

중세 스콜라 철학자 토마스 아퀴나스는 천사와 같은 학자로 불려지며 성자의 반열에 올랐습니다. 그는 형이상학적인 존재론에서 "존재는 질료와 형상에의 길을 따르며 다음과 같은 다섯 가지 구별이 생긴다. 즉 ①가장 낮은 급에 속하는 질료뿐인 질료 ②식물적 생명에 속하는 영양적 영혼, 동물적 생명인 감관적 영혼 ③이성적 영혼에 속하는 인간 ④순수 영혼에 속하는 천사 ⑤절대적 형상에 속하는 신의 등급이다"라고 했습니다. 존재는 이렇게 구별되는 것입니까?

토마스 아퀴나스가 존재를 이 다섯 가지로 분리시킨 것은 그 본질을 모르기에 이렇게 단정지은 것이다. 그 본질은 높낮이도 없고 형태나 형체의 다름도 없는 하나인데, 이것을 자기의 생각대로 분리시킴은 진리를 모르기에 그렇다.

이것의 정답은 이렇다. 존재의 본질은 원래가 하나이다. 거기에서 각 개체가 존립하고 있는 것은 그 본질이 같으므로 그 자체대로의 완전함이다. 모든 일체의 만물은 이것저것이 없으며 본형질이 동일한데 이것을 모르고 있다. 그 형질은 그 개체의 완전함임을 알아야 한다.

영국의 대법관 토마스 모어는 저서 ＜유토피아＞를 통해 다음과 같이 주장했습니다. "유토피아(Utopia)란 본래가 이 세상에는 없는 이상향(理想鄉)을 뜻한다. 그러나 모든 사람이 항상 추구하는 이상향으로써 사라지지 않는 것이 유토피아다." 이 주장의 옳고 그른 점은 무엇이며 현재 인간세계가 이상향이 되려면 어떻게 해야 합니까?

이상향이라 하면 원래 온 곳을 의미한다. 그곳이 어디냐 하면 진아(眞我)이다. 그 진아는 상상도 없고 또 생각도 없는 것인데, 그곳이 있다고 가정함은 잘못이다. 사람의 생각일 뿐이다. 인간세상이 이상향이 되려면 한마음이어야 하고 순리이어야 한다.

이탈리아의 정치철학자 마키아벨리는 저서 <군주론>에서, "사회문제의 중심을 이루는 것은 정치권력이며, 모든 것은 정치를 통해 해결된다. 문제가 되는 것은 도덕적 가치와 정신적 가치의 갈등이다. 사람들은 도덕적 가치가 우위라고 생각하나 정치적 가치도 뒤져서는 안 된다. 오히려 정치적 목적에 도달하기 위해 도덕적 가치가 수단과 방편으로 이용돼도 무방하다. 결과가 좋으면 어떤 수단이나 과정을 거쳐도 문제 삼을 필요가 없다. 정권을 수행하는 군주는 절대적이며 그것은 신의 가호를 받아 마땅하다"라고 했습니다. 이러한 주장의 옳고 그른 점은 무엇입니까?

마키아벨리의 군주론은 미완성 사회의 하나의 자기 철학이다. 왜냐하면 사회는 정치와 도덕 어느 것이든 우선 되어서는 안 된다. 완전한 사회는 도덕과 정치가 일치되어야 한다. 왜 일치돼야 하느냐 하면, 그 도덕이 정치에 있지 않고 정치가 도덕에 있지 않으므로 병행되지 않으면 사회적 갈등이 엄청나기 때문이다.

인도(人道)는 사람의 도이므로, 사람의 도가 정치와 분리되는 것은 이치상 맞지 않다. 도와 정치가 일치해야만 정상적인 사회이다. 사회의 인도도 순리이니 그 순리에 맞고 그 순리를 지킴이 순리인데, 순리가 무엇인지 모르기에 도덕이 힘에 지배되면 이로 인해 모든 것이 정상적이지 않아서 후유증이 큰 것이다. 도덕과 정치는 일치하고, 그 도덕대로 정치함이 순리이고 막힘이 없다. 군주가 순리를 어겨 정치를 하면 그 후유증이 만인에게 가니 이로 인한 사회 갈등과 국민의 고통은 엄청난 것이다.

데카르트는 저서 <방법 서설>을 통해 '더 이상 의심의 여지가 없는 것'을 진리로 보고 회의를 통해 진리의 길을 모색했습니다. 그래서 그는 전혀 의심할 수 없는 한 가지 명제를 얻었는데, 그것이 곧 "나는 생각한다, 그러므로 나는 존재한다"라는 판단이었습니다. 근대 철학의 출발이 된 데카르트 철학의 한계는 무엇입니까?

"나는 생각한다, 그러므로 나는 존재한다"라는 말은 데카르트의 생각이다. 왜냐하면 생각하는 근본이 무엇인지가 포함돼 있지 않기 때문이다.

생각이 곧 존재라는 말은 언뜻 들으면 맞는 것 같으나 생각이 존재가 아니다. 존재는 생각에 있지 않고, 존립되어 있는 그 자체이다. 그러기에 "나는 생각한다, 그러므로 나는 존재한다"라는 말은 맞지 않다. 사람의 존립은 생각에 있지 않고 있는 그대로가 존립이며 존재이다. 만물도 마찬가지이다.

데카르트는 해부학을 통해 사람의 목 뒷부분에 있는 송과선을 사람의 정신과 육체의 연결선이라고 지적했습니다. 이것은 옳은 지적입니까?

송과선은 정신과 육체의 연결선이 아니다. 이 송과선은 하나의 통로이지 연결선이 아니다. 왜냐하면 뇌로부터 전달되는 것은 그 자체가 온몸으로 연결되는 것이지 송과선이 연결선이 아니다. 단지 육체로 가는 통로이다. 쉽게 이야기하면 육체와 뇌가 분리되어 있는 것을 송과선이 연결지어 줌이 아니고 통로 자체 그대로가 다 연결선이다. 단지 몸으로 정신이 갈 수 있게 하는 기관일 뿐이다.

네덜란드에서 살았던 스피노자는 결혼도 하지 않고 소유를 초월한 청빈한 삶을 살다가 45세에 죽은 범신론(汎神論)자로서, 이렇게 주장했습니다.

"존재는 하나이면서 전체로 나타내야 한다. 수(數)적으로 보면 하나일 수밖에 없고 양(量)적으로 전체인 것이다. 그 존재는 자연계이다. 자연 존재를 떠나서는 있을 것이 없다. 신(神)이 존재한다면 그 전체 존재와 더불어 있어야 한다. 그러므로 존재는 곧 자연이면서 신이 되는 것이다. 자연은 다양한 현상으로 나타나나 그것은 하나의 존재의 다양한 모습인 것이다. 신은 그 전체와 더불어 있으면서 일자(一者)인 것이다. 신은 부분적으로 나타날 수도 있어 현상적인 것이 되나 일자로서의 실체성을 갖기도 한다. 즉 신은 존재의 실체이면서 자인(自因) 존재다. 모든 지적(知的) 내용은 신의 자기 이행의 결과인 것이다. 신의 속성은 만상의 내용이 되나 인간에게는 사유와 연장이 공존되어 있다." 그의 주장의 옳고 그른 점은 무엇입니까?

철학자 스피노자의 말은 맞다. 세상의 모든 만물이 탄생된 것은 하나의 일신이었으나 그 상이 갖춰짐과 동시에 다신이 존립하는 자연 만상이 됐다. 그러기에 그 개체에 존립의 신이 존재했음이 맞는 이야기이다.

신이란 것은 원래 하나인데 그 개체가 있으므로 여러 신이 존립하는 것으로 알고 있으나 그 실체들이 아상을 벗으면 하나가 된다. 그러나 지금은 천지만상의 모든 것이 하나가 되게 하였으니 스피노자의 범신론은 그 시대에는 맞는 이야기였으나 지금은 아니다. 지금은 천인지가 합일한 하나의 신밖에 존립하지 않는다. 이것이 후천세계의 진리이다. 즉 다신(多神)이되 다신이지 않고 하나이다.

프랑스의 천재 철학자 파스칼은 기독교 신앙의 은총과 신비로운 체험을 한 후에 남긴 <팡세>라는 메모록을 통해 "자연 사물이 주어진 법칙과 원칙을 찾아 따르듯 정신세계에도 정신적 질서와 법칙이 있어 사람의 삶도 정신 질서에 순응해야 한다. 또 정신적 질서 위에 종교적이며 신앙적인 질서가 있어 사람의 영적인 생활의 의미를 채워주는 것이다"라고 주장했습니다. 옳고 그른 점은 무엇입니까?

　　파스칼이 메모록에 쓴 이 말은 자기 마음의 잔유물을 하나의 영적으로 본 것일 뿐 진리는 아니다. 사람들은 마음의 산물인 유체이탈을 통해 영계를 볼 수 있으나 그것은 곧 자기의 마음이지 하나의 법칙이 있는 영적 세계가 아니다. 사람에 따라서는 기도나 수도를 하다가 그런 현상이 일어나는 것을 신의 은총이라고 이야기하나 그것은 하나의 자기 마음의 잔유물이다.

　　그러므로 이런 헛됨에 빠지지 말고 우주가 곧 나임을 아는 공부가 필요하다.

파스칼은 "기적이 없었다면 신앙을 가지지 않아도 죄가 되지 않으나 기적이 있었기 때문에 불신은 죄가 될 수 있다" "나는 우주를 생각할 수 있어도 우주는 나를 생각할 수 없기 때문에 나는 우주보다도 위대하다" "지극히 작은 벌레 한 마리가 위대한 철학자의 사유를 얼마든지 중단시킬 수가 있다"고 말했습니다. 이 주장들의 옳고 그른 점은 무엇입니까?

파스칼이 기적으로 진리를 알려고 한 것은 참 진리를 모르기 때문이다. 참 진리는 기적에 있지 않다. 참 진리는 하나이며 변함이 없는 것이다. 기적에 신앙이 있다는 것은 진리를 모르기에 한 이야기이고, 우주가 자기보다 못하다는 것은 아주 잘못된 것이다. 우주는 완전함이어서 천지만상을 내고 다시 수렴하고, 또 모든 천체가 스스로 질서 있게 순리로 돌아가도록 한다.

파스칼은 자기의 조그마한 생각을 우주에 맞추나 우주는 전지전능하며 모르는 것이 없고 일체를 다 갖춘 것인데, 자기 생각에 맞춤은 편파적인 생각이지 진리가 아니니 스스로 위대하다고 할 수 없다. 작은 벌레 한 마리가 위대한 철학자의 사유를 얼마든지 중단시킬 수 있다 함은 맞는 말이다. 왜냐하면 철학자가 진리를 모르니 그 벌레를 보며 진리가 아니다 싶으면 다시 사유를 바꾸어야 하기 때문이다.

라이프니쯔는 우주의 궁극적인 실체는 물질의 원자가 아니라 힘 또는 에너지의 단위인 '모나드[單子]'로 보고, "모나드는 넓이나 형체를 가지지 않으며 무엇으로도 나눌 수 없는 궁극적인 실체로서 모든 존재의 기본이 된다. 또 모나드는 원자와 달리 비물질적인 실체로 그 본질적인 적용은 표상(表象)이다. 표상이란 외부의 것이 내부에 포함되는 것으로 모나드는 이 작용에 의해서 자신의 단순성에도 불구하고 외부의 다양성과 관계를 가질 수 있으며, 그 표상되는 다양성이 곧 세계 전체다"라고 주장했습니다. 이 주장의 옳고 그른 점은 무엇입니까?

우주의 실체가 모나드라고 한 라이프니쯔의 이론은 맞다. 이 물질이 비물질적 실체로 천지만상이 여기서 나온다. 이 물질은 인간의 눈으로는 보이지 않고 심안으로만 볼 수 있으나 우리의 눈으로 볼 수 있는 만상도 곧 그 모나드이다. 그러니 라이프니쯔의 말은 맞다.

라이프니쯔는 공간과 시간에 대한 정의를 "모나드들의 운동 기능이 공존과 이존(離存)의 위치에서 나타나는 것을 우리는 공간으로 보고, 계속해서 일어나는 계기적 성격을 갖는 것을 시간의 위상에서 찾아보게 된다. 즉 모나드 현상의 공존 순서와 계기의 순서가 공·시간으로 나타난다"고 보았습니다. 이것의 옳고 그른 점은 무엇입니까?

진리에서 보면 공간과 시간이란 없는 것인데, 사람의 삶이 공간과 시간을 만들었으므로 내가 있는 곳이 공간과 시간이다. 다시 말하면 사람이 사는 곳이 공간과 시간이 있는 곳이고 사차원 세계는 공간과 시간이 없다. 그러므로 이 이야기는 맞지 않다. 공간과 시간이 있는 것은 인간세계밖에 없기 때문이다.

이를 다시 풀이하면 공간이란 모나드가 실체로 형상화된 곳이고, 그 공간에 있는 것이 시간이지 본래의 모나드에는 공간과 시간이 없다. 또 모나드는 공존과 이존이 없다. 그냥 있을 뿐이다.

모나드가 모이거나 흩어지거나 하는 것은 없다는데, 중성자가 있는 우주에서는 모나드와 중성자의 관계가 어떻게 구성되고 형성됩니까?

모나드는 있는 것과 없는 것이 아닌 그대로의 실존이다. 중성자가 있는 곳에는 모나드가 존립하지 않고 현상으로 나타나 있는 실체가 모나드이다.

중성자가 있는 곳에 모나드가 있지 않은 것은 이 모나드 자체가 형체화된 것을 위하여 중성자가 있기 때문이다. 즉 중성자는 모나드를 돕는 하나의 구실에 불과하므로 이 모나드는 중성자에 속하지 않으며 스스로 존재한다. 기름과 기계가 다른 것과 같다.

유럽 대륙의 철학자들(데카르트, 스피노자, 라이프니쯔)은 철학적 지식과 학문의 기초와 방법을 수학, 기하학 같은 확실하고 명백한 기반 위에 세워야 한다고 주장했습니다. 이에 비해 영국의 철학자들은 경험론을 계승해 왔기 때문에 철학적 사유의 근거와 방법은 심리학에 있다고 생각했고, 따라서 인식은 심리적 과제이며 그 사유의 정확성과 타당성이 진리가 되어야 한다고 주장했습니다. 이에 비해 독일의 철학자 칸트는 철학의 완전한 기초와 방법을 논리학으로 보고 모든 지식과 진리는 논리적 사유에 따라서 하며 논리의 원칙이 인식의 원칙이 되어야 한다고 주장했습니다. 철학에 대한 이 세 가지 주장의 옳고 그른 점은 무엇입니까?

철학이라 함은 인간의 세계와 인간의 근본 원리를 추구하는 학문이지만, 철학과 학문은 그들의 생각이지 진리는 아니다. 데카르트, 스피노자, 라이프니쯔가 철학적 근거를 수학과 기하학에 두는 것은 그들의 생각이다. 철학이 세상과 인간의 근본 원리를 추구하는 학문이라면 무엇보다도 근본을 알면 문제는 일체가 해결되는 것인데, 수학과 기하학에 지식과 학문의 기초와 방법을 두는 것은 근본과는 거리가 멀다.

영국 철학자들은 철학적 사유의 근거와 방법은 심리학에 있다고 생각하지만, 심리학은 생물체의 의식 현상과 그 행동에 관하여 연구하는 학문인데, 의식 현상이나 행동에는 근본이 없다. 인식은 심리적 과제이며 정확성과 타당성이 진리가 되어야 한다는 것은 답이 아니다. 이 말은 이렇게 바꾸면 맞는 말이 되기도 하는데 즉, 마음의 근본을 정확히 알면 바로 철학의 목적을 달성할 수 있다는 것이다.

독일의 철학자 임마누엘 칸트는 철학의 완전한 기초와 방법을 논리학으로 보고 있지만 논리학은 바른 사고의 형식 및 법칙을 연구하는 것이므로, 논리가 철학의 근본 이치를 찾는다 하더라도 거기에 확신이 없으면 근본 이치가 아니다. 철학은 근본을 연구하는 학문이므로 근본을 알아야 일체 철학의 해결책이 될 수 있다. 사람과 세상의 일체 만물은 근본이 있는 것도 아니고 없는 것도 아닌, 비물질적 실체인 마음이 근본이다. 여기에서 말하는 마음은 우주의 공기층과 진공층을 통틀어 거기에 존재하는 비물질적 실체를 이야기한 것이다. 이것이 우주만상의 어머니이다.

이신론(理神論, Deism)을 믿는 계몽주의 이후의 철학자들은 "신은 존재한다. 이 신이 자연의 법칙과 세계의 질서를 제공했다. 그래서 인간적 삶과 세계 질서는 그 법칙과 질서에 따라 움직인다. 신은 일일이 인간적 삶에 관여하지 않는다. 법칙과 질서가 있고 그에 따라 존재하는 세계가 유지되고 있다. 예배를 드리거나 기도하는 일은 의미가 없다. 그 법칙과 질서에 따라 살면 된다. 그런 신은 인간과 어떤 인격적 관계도 갖고 있지 않다"고 주장했습니다. 이 주장의 옳고 그른 점은 무엇입니까?

신이라 하면 있는 그대로가 신이지 어떤 형상에서 찾으려 하면 찾아지지 않는다. 그 당시 영국 철학자들이 이야기한 것이 일리는 있으나 맞지 않는데, 그 이유는 바로 자기가 우주임을 알지 못했기 때문이다. 그 형상이 자기에게도 있고 타인에게도 있으니, 그 신을 자기의 생각에 맞추어 판단했을 뿐이지 실제의 신은 거기에 있지 않다. 사람도 그대로가 신(神)이므로 자존의 힘이 있으며, 사람이 본자아를 발견함이 유일신으로 가는 것인데, 그 자아가 곧 우주임을 모르고 하나의 형상과 인격적 관계나 질서에 자기 생각을 매어두고 이를 맞는다고 말함은 잘못이다.

니체는 "신은 죽었다"고 했습니다. 이 말의 옳고 그른 점은 무엇입니까?

니체가 이야기한 신이 죽었다 함은 그 신이 있되 보지를 못하니 죽었다고 한 것이다. 실제로 이때까지는 만상에 신이 있었다. 그 신이라 함은 움직이는 자체이다. 선천에는 이것을 개체로 보니 다신(多神)이었지만, 앞으로는 모든 신이 통일하여 하나가 되니 일신(一神)으로 존재하는 때이다.

니체는 신을 밖에서 구하려 하고 그 뜻을 몰랐기에 신은 죽었다고 한 것이다. 신은 있되 있지 않고, 없되 있으나 그 자체는 존립의 마음이 있어 자체의 신으로 보일 뿐이므로 신은 그대로이지 죽었다는 말은 맞지 않다. 없는 가운데 있고, 있는 가운데 없는 것이 신이다. 이 모든 것이 하나가 되어 순리로 되는 것이 후천의 신이다.

기독교는 유일신(Theism)을 믿지만 그리스는 다신교(多神敎)이고, 스피노자는 범신론(汎神論)을 주장했으며 또 무신론자도 있습니다. 이렇게 신에 대한 많은 주장들이 있는데, 그 가운데 어떤 것이 옳은 것입니까?

　신이라 하면 선천에는 많은 신이 있었다. 그 신은 영(靈)이 아닌 다신(多神)이었다. 다시 말하면 신이라 하면 일체 자기가 없어서 자기가 있는 영계를 떠남이 신계인데, 이 신계는 다섯 등급의 신으로 분리되었다. 이것이 선천의 신계이다. 그러나 앞으로는 신이 하나이어야 완전함이기에 하나로 통일된다.

　많은 신들을 다 하나로 되게 하여 그 하나가 완전함으로 바뀌는 것이다. 형체가 다양하게 있되 있지 않고, 그 형체가 없되 있는 그곳이 유일신의 경지이다. 다시 말하면 그것이 우주이고 우주의 본체이다.

　우주의 본체는 완전함인 화기(和氣)이다. 그 신은 있는 가운데 없고, 없는 가운데 있는 그 자체가 본체 신인데, 형상 있음도 마찬가지로 자기가 없으면 본체 신에 속한다. 그래서 선천에는 다신(多神)이 맞고 후천에는 일신이 맞다.

영국의 경험주의 철학자인 존 로크는 경험이 없으면 인식도 불가능하다고 보고 "인식은 경험의 내용과 과정에서 얻어지며 또 평가되어야 한다. 인식의 산물인 모든 관념은 경험의 산물일 뿐이다. 이성이나 오성(悟性)의 선천성 같은 것은 인정될 수 없다. 경험의 다소(多少)와 성질에서 인식은 그 의미를 갖는다. 우리의 이성이나 오성은 백지 같은 것이다. 거기에 경험을 통해 어떤 내용이 그려지는가가 문제이다. 경험이 관념의 원체가 된다면 인식 기능과 과정은 자연히 심리적 작용을 따르게 되며 철학의 중요한 문제는 오성(悟性)의 기원, 관계, 가치와 의미를 살피며 규정 짓는 작업이 되어야 한다"고 말했습니다. 이 주장의 옳고 그른 점은 무엇입니까?

인식은 경험에서 얻어지는 것이 전부가 아니다. 인식은 경험이 아닌 체험과 상념에서 일어나므로 인식의 평가는 경험의 내용이나 과정이 아닌 상념에서 이루어져야 한다. 왜냐하면 경험이 인식이 아니라 상념이 인식이기에 그런 것이다. 상념이 인식이라는 것은 인식이 상념이기에 그런 것이다.

이성이나 오성도 선천성이지만 인식이 될 수 없다. 왜냐하면 이성과 오성은 하나의 상념체이면서 실체이므로 그 실체의 힘에 의해서 인식이 나오는 것이다.

'경험의 다소와 성질에서 인식은 그 의미를 갖는다'는 말은 맞지 않다. 경험이 인식이 아니므로 맞지 않다. 왜냐하면 인식은 경험이 전부가 아닌 경험에서의 일부와 상념과 그 판단에서 이루어지므로, 경험 이외의 부분이 더 크게 인식을 차지한다. '경험이 관념의 원체가 된다면'이란 말도 틀렸는데 경험이 관념의 원체가 아니라 관념이 경험을 내포한다. 관념은 경험에 의해서만 얻어지지 않는다. 인식이라 함은 인정하는 하나의 앎인데, 이것은 경험에 속함도 아니고 본자아의 능력에 의하여 습득되는 하나의 본능을 배경으로 이루어진다. 따라서 경험은 인식의 일부분이다.

프랑스의 계몽주의 사상가 루소는 "모든 삶의 판단은 이성(理性)에 의해서 개인에게는 자유가, 사회에서는 평등이 보장되는 삶과 국가가 이뤄져야 한다"고 주장했습니다. 이 사상의 옳고 그른 점은 무엇입니까?

　　이성에 의해서 개인에게는 자유가, 사회·국가는 평등이 보장되어야 한다는 루소의 말은 맞는 이야기이기는 하나, 이성의 근본을 모르니 하나의 추상적이고 관념적인 사상이다. 왜냐하면 이성이라 함은 근본적인 성품이다. 그 근본적 성품이라 함은 순리인데, 이 순리를 모르고 말한 관념적이고 추상적인 이성은 이성이 아니다. 너와 나의 생각이 이성이 아닌데 생각을 이성으로 앎은 잘못이다.

　　그 이성은 완전함이기에 이 이성을 아는 사람이 이때까지 없어 이성의 범위를 이야기하지 못했다. 물론 이러한 계몽주의 사상은 사람들로부터 많은 호감을 얻고 또 맞는 말이되, 이성의 근본을 알아 하나가 되면 자연히 권위주의도 없어지고 사회와 국가에는 평등과 이상주의가 실현된다. 루소는 인간 사리 판단의 근본을 이야기한 것이지 근본 이성을 알지는 못했다.

독일의 철학자 헤겔은 변증법(辨證法)으로 철학을 연구하고 이를 모든 분야에 적용시켰습니다. 즉 어떤 사실과 사물, 정신, 사상, 역사 등이 모순되고 서로 반대되는 것과 대립을 통해서 한 차원 높은 단계로 발전해 나간다는 대화와 토론의 기능과 방법을 말했습니다. 또 소크라테스도 계속되는 대화를 통해 명백하고 믿을 수 있는 개념과 진리를 찾아내는 것을 '변증법 사고'라고 했는데 이러한 '변증법'의 옳고 그른 점은 무엇입니까?

독일의 철학자 헤겔이 이야기한 변증법은 하나의 근본으로 가는 것을 이야기한 것인데, 사람의 대화에는 그 방법이 적용되지 않는다. 왜냐하면 근본은 사람의 생각과 서로 대립하는 것이 아니고 그 있는 대로이니, 그것이 사람으로 하여금 혼돈과 과오를 범하게 하는 하나의 요소이다. 인간이 철학을 논하여 많은 발전도 있었으나 진정한 근본은 변증법에는 없다.

변증법이란 서로의 반대되는 의견을 통하여 한 차원 높은 하나의 근원에 접근하려는 방법이기는 하나, 이 방법은 근원이 아니다. 왜냐하면 근원이란 그 사물 자체가 온 곳인데, 그 근원을 사람의 생각에 맞추니 옳지 않다는 것이다. 그 근원을 알면 정신, 사상, 역사와 같은 것이 하나도 문제될 것이 없는데 근원을 모르니 사람 생각이 극단점에만 머무를 따름이다. 그 근원이자 진리가 바로 우주만상의 어머니인 화기(和氣)이다. 그 근원으로 인하여 천지만상이 나오고 들어가는 것이다. 이 근원을 알면 철학의 모든 의문점이 풀릴 것이다.

독일의 철학자 쇼펜하우어는 염세주의(厭世主義) 철학을 주장했습니다. 즉, 존재 세계의 실체는 의지(意志)이며 물질세계를 좌우하는 힘과 역학(力學)도 의지 작용과 통한다고 보고 "생명체를 유지하는 것은 생명 의지에 의해서 교미와 약육강식을 하며, 인간도 살아남으려는 본능 의지가 본질이다. 따라서 성욕도 종족 유지의 기본 본능이므로 지성이나 이성도 본능 의지의 심부름에 불과하다. 이러한 생명 유지를 위해 싸움과 정복, 살생 등을 삼가지 않으므로 우리가 생존하고 있는 세계는 최악의 세계이며, 선택의 여지가 있다면 태어나지 않는 것이 최상이다. 따라서 가능하면 자살하는 것도 무방하다. 인간 진로는 악의 축적일 뿐이며 현실 세계는 희망도 없고 신의 존재는 헛된 환상에 불과하다"고 주장했습니다. 이 주장의 옳고 그른 점은 무엇입니까?

염세주의 철학을 주장한 쇼펜하우어가 존재 세계의 실체가 의지라고 본 것은 잘못이다. 왜냐하면 존재 세계의 실체는 마음이다. 모든 생명체는 있는 그대로가 자체의 마음이니, 쇼펜하우어는 마음속에 의지가 있음을 모르고 있다. 또 물질세계를 좌우하는 힘과 역학도 의지 작용과 통한다고 본 것도 잘못이다. 의지와 역학이 있는 곳이 어디냐 하면 그 자체의 마음이다.

생명체를 유지하는 것은 생명의 의지에 의해서 교미와 약육강식을 하며, 인간이 살아남으려는 본능 의지가 본질이라는 말은 잘못된 것이다. 인간이 살아남는 것은 자존의 본능이지 본능의 의지가 아니다. 따라서 성욕도 하나의 자존에서 나옴이지 성욕이 어떤 종족 유지의 목적만은 아니다.

지성이나 이성도 본능 의지의 심부름에 불과하다는 말도 틀리다. 이 말 대신 지성과 의지는 본능 자존의 심부름에 불과하다면 맞다. 사람이 살아가는 것은 일종의 자존의 본능적인 삶이기에 일체의 자기가 없이 생존하면 죄업이 없다. 그러나 자기가 있기 때문에 죄도 악도 느끼는 것이므로, 완전히 자기가 없는 경지에 이르면 이런 문제는 모두 해결된다.

인생이 하나의 부질없는 삶이기는 하나 그 삶에는 절대로 죄업이 없다는 것을 알아야 한다. 현실 세계에 희망이 없는 것이 아니라 삶 자체가 희망이므로 그 희망을 멀리서 찾으면 찾지 못한다. 또 신의 존재는 환상이 아닌 실체이다. 왜냐하면 신이 존재하기에 만상이 있고 천지가 있고 사람이 있지, 신이 존재하지 않으면 그 일체가 없다.

역사가들이 시대 구분을 고대·중세·근세·현대로 나누고, 고대는 자연과 철학의 시대로 로고스가 지배하였고 중세는 신(神)과 인간의 시대로 섭리와 신앙이 좌우하였다고 설명하고 있는데, 이러한 구분이 옳은 것입니까?

  역사가들이 인간세계를 이렇게 구분하여 볼 수도 있으나 이것은 꼭 그렇지는 않다. 왜냐하면 고대에도 하느님을 숭배하고 하늘을 두려워했기에, 사람은 태초부터 신앙생활을 해온 것이 사실이기 때문이다. 하늘은 전지전능하여 인간이 진리가 무엇인지 알 수 있도록 필요한 시기마다 예수, 석가 같은 성인이 나타나게 하여 하늘이 살아 있음을 가르쳐주었다.

이황의 이기이원론(理氣二元論)과 이이의 이기일원론(理氣一元論)의 차이는 무엇입니까?

천지만상이 세상에 나타남은 인간 관점으로 보면 둘인 것 같지만, 다시 말해 음양으로 형성된 것 같지만 그렇지가 않다. 천지가 있는 것의 본(本)은 원래 공(空)하나 그 공에서 만상이 나와서 다시 그 공으로 가니, 본은 하나이므로 진리 측에서 보면 이기일원론이다.

이것도 우리 선조 학자가 연구한 것이 아니고 중국의 학자들이 이야기한 것을 그들의 판단에 따라 해명한 것이다. 이 문제는 학문으로는 풀이되지 않으니 진리를 알아야 한다. 진리란 변하지 않는 것이고 세상에 하나인 것이며, 그 하나는 영원하며 불변이다. 이 진리가 둘이 아니듯 이것저것 있음이 아니고, 있는 자체가 기(氣)이니 이기일원론이 정답이다.

사람이 태어날 때 선하게 태어난다는 성선설과 악하게 태어난다는 성악설 중 어느 주장이 맞습니까?

사람과 만상이 태어나기 전에는 본시 아무것도 없는 경지인데 무의 공인 완전함이 사람으로 화한 것이다. 이 무의 공은 원래가 아무것도 없는 것이며 다시 말하면 생각도 뜻도 없고 있음도 없음도 없는 것이다. 따라서 태어날 때는 성악도 성선도 아닌 것이다. 악도 선도 아니다.

악, 선 자체가 없음이 진리이나 사람이 두 가지를 가지는 것은 자존의 마음이 있어 그러하다.

"인성은 본시 착하고 고금지후에 변함이 없거늘 성인(聖人)은 왜 성인이 되고 나는 왜 평인(平人)인가. 그것은 알음이 맑지 못한 까닭이니라"라는 퇴계 이황의 시가 진리에 맞습니까?

퇴계 이황이 주장한 이 시는 진리에 맞지 않다. 인성은 본시 착함도 악함도 없는 것이므로 이 말은 합당치가 않다. 그리고 평인은 알음이 맑지 못하다고 한 것은 맞는 말이기는 하나, 성인은 그냥 성인이 됨이 아니고 진리 측에 들어 행함이 있어야 성인이다.

신독(愼獨), 즉 혼자 있을 때 스스로를 삼간다는 말의 잘잘못은 무엇입니까?

신독이라 하면 혼자 있으면서도 어떤 나쁜 생각을 하지 않고 또 남이 모르는 데서도 행동을 나쁘게 하지 않는다는 말인데, 이치에 맞지 않다. 사람은 생각의 자유가 있는데다 나쁘고 안 나쁘고의 한계도 사람이 구분 짓기 힘들기 때문이다. 그런고로 수행 과정에 있는 사람들이 자신의 마음을 하나의 완전함으로 이끌려고 신독을 한 것이지, 그 자체는 이치에 맞지 않다. 왜냐하면 사람은 스스로 존립하기에 좋은 생각, 나쁜 생각, 행도 있는 것인데 그것을 의도하여 없앤다는 것은 오히려 더 큰 마음을 남긴다. 이런 가식은 잘못이다.

사람은 그저 사람의 도리를 알아 거기서 행하고 살아가되, 구속도 속박도 없이 자기가 없게 사는 것이 최상의 방법이다. 억제는 억제를 낳고, 안 한다는 생각을 하면 오히려 하고 싶은 생각이 남으니, 구속이나 구애 어떤 것이든 벗어나야 사람이 사람답게 살고 순리가 보인다.

라즈니쉬, 크리슈나무르티는 어떤 분들입니까?

　　라즈니쉬와 크리슈나무르티는 도통을 한 사람이며 대각의 경지는
알지만 들지는 못했다.

　　대각이란 일체의 내가 없음인데, 일체의 내가 없으면 우주에 내가
그대로 있다. 아무튼 지금 세상은 진리 자체의 형상을 아는 이도 드문
만큼 이분들의 경지도 높이 인정해 주어야 한다.

자본주의, 공산주의, 사회주의의 잘못된 점은 무엇입니까?

 민주주의란 민이 주체가 되어 정치를 하고 사회를 구성함을 이야
기한다. 민주주의는 그 민이 중심이 되기는 하나 완전함이 아니기에
부족함이 많다. 자본주의는 그 자체가 돈 있는 자가 더 벌도록 하는
것이므로 도덕과 양심이 결여되고, 또 잘사는 사람과 못사는 사람 사
이의 공평함이 없어 빈부 격차가 커지기에 모순이 있는 것이다. 이 사
상도 이때까지는 최고의 방편이라 생각됐으나 얼마 있지 않아 사라
진다. 공정하지 않기 때문이다.
 공산주의와 사회주의도 없어지는데, 그 이유는 나라를 관리하는 사
람들이 공정하지 못하고 민을 착취하니 민주사회보다 민에게 돌아가
는 것이 적고, 비록 사상은 좋았으나 실행이 제대로 안 됐기 때문이다.
 이제는 사상이나 철학도 이때까지의 막힘에서 해탈로 넘어가게 될
것이다. 정치는 사람 사람이 같아야 하며, 일하는 것도 지겹거나 힘들
지 않아야 하고, 누구나 열심히 일할 수 있도록 해야 하며, 계급도 없
어야 한다. 즉 사람 위에 사람이 군림하지 않아야 한다.
 바른 정치는 바른 마음으로 위에서부터 흘러야 이루어지므로 이것
을 실행할 수 있는 대안이 있어야 한다.

생활 · 사회 · 윤리
제 4 편

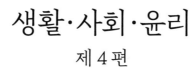

최상의 건강법은 일체를 떠나는 것이다.

자기의 마음을 없애면 기혈이 순조로워 그 마음이 없는 가운데 모든 병이 치유된다.

따라서 마음 없이 사는 것이 최상의 건강법이다.

사람이 예쁘고 아름다운 것에 마음이 끌리는 이유는 본능 때문입니까, 아니면 자신과의 비교에 따른 열등의식 때문입니까?

그것은 인간의 본능이다. 왜냐하면 인간은 원래 태어나서 스스로 존재하는 마음이 있어 먹고 마시고 또 번식을 하려는 욕망을 스스로 가지는데, 이것은 누가 시키지 않아도 스스로 소유하는 본능이다. 그러므로 눈으로 보아 예쁘고 아름다운 것에 마음이 끌리는 것은 본능이다. 자기의 열등의식은 자신이 모자라는 부분만 희구하고 갈구하나 본능은 누구나 좋은 것은 좋고, 나쁜 것은 나쁘다.

사람의 심보란 무엇이며 심보는 왜 생깁니까, 또 도를 깨치면
왜 심보가 없어집니까?

　흔히 심보가 시커멓다고 하는 것은, 내가 일체 없는 상태이면 상대
사람의 심보가 보이기 때문에 말하는 것이다. 그 심보는 가슴 양쪽에
서 아랫배 부분까지 뻗쳐 있다. 그 심보가 검게 떠 있으면, 그 사람이
돈이나 사랑 등을 갈구하고 욕심을 부리고 있음을 알 수 있다.
　심보는 마음인 뇌에 의하여 그 형태가 표출되는 것이다. 도를 닦은
이는 심보의 관이 맑게 남아 있지만, 이마저 완전히 없으려면 일체 자
기가 없는 대각을 해야 한다. 마음 없이 살면 모든 것을 잃는 줄 알고
있지만 일체가 다 있고 또 얻을 수가 있다.
　심보의 형태는 자기의 좌측에 있는 것이 돈 욕심의 심보이고, 우측
에 있는 것이 사랑 욕심의 심보이다. 사람이 이러한 욕심을 갖고 있으
나 현재 필요하지 않으면 새까맣게 뭉쳐져 배꼽 좌우에 붙어 있다. 심
보는 일반 사람의 눈에는 보이지 않는다.

사람 마음의 뿌리는 무엇입니까, 무엇으로 인해 원래 없던 생각들이 구름처럼 일어나 사라지지도 않고 그대로 남아 그 마음을 키우고 딱딱하게 굳혀 나갑니까?

사람 마음의 뿌리라 하는 것은 그 사람이 버리지 못하는 아만과 자존, 그리고 욕심이다. 아만과 자존과 욕심을 버리지 못하는 이유는 그것이 그를 지탱하는 하나의 도구이니 그렇다. 그 뿌리가 깊다는 말은 마음체가 욕심으로 인해 굵고 검어서 그 심보가 크게 자리 잡음을 의미한다.

어릴 때는 마음이 없지만 사람은 살아감과 동시에 자기의 마음을 만들어 간다. 그 마음은 구름처럼 가슴에 자리 잡고 있으니 그 마음에 마음을 계속 만들면 이것이 굳어지고 커진다. 마음을 벗는 방법은 회개하고 참회함이나 이것으로는 완전히 벗지 못하니 도를 통하여 완전 해탈해야 한다.

사람이 잠잘 때 꿈을 꾸는 이유는 무엇입니까?

꿈이란 일종의 인간 생각의 부산물이다. 인간의 생각이 곧 마음인데, 인간이 마음을 크게 먹고 작게 먹고 할 수 있듯이 이 꿈도 또한 자기에 속하는 꿈과 참마음 세계의 꿈으로 분리할 수 있다.

꿈을 꾸는 이유는 자기 마음이 꿈으로 표현되기 때문이다. 즉 의식 상태의 일들이 하나의 생각으로 변하여 그 잠재된 것이 꿈으로 나타나는 것이다.

꿈은 무의식 상태의 자기 마음이다. 즉, 꿈이란 자기 마음의 표출이다. 이 마음이 자기를 만들어 꿈을 꾸면 자기중심의 꿈이 되고 본마음의 꿈을 꾸면 본마음이 되는 것이다. 이 꿈이 기억에 전달되면 남고 전달되지 않으면 남지 않는다. 그러나 꿈을 꾸고도 기억에 남지 않는 것은 진아(眞我)의 꿈이면 금방 기억에서 사라지기 때문이다.

일반적인 꿈과 태몽의 차이는 무엇입니까?

꿈은 그 마음의 형체에 따라 표현되는 것이니 그 해석이 맞기도 하나 꼭 그렇지도 않다. 태몽을 꾸는 이유는, 아기를 가진다는 것은 하늘의 선물이니 본자아에서 암시를 하여 주기 때문이다. 이 태몽의 암시로 그 아이가 일생 동안 살아갈 운명도 알 수 있다.

그러나 일반인은 풀이하기 어렵다. 운명을 어떻게 알 수 있느냐 하면, 진아는 진리이므로 진아가 예지한 것은 거짓이 없어서 알 수 있다.

잘사는 삶이란 어떤 것입니까?

    잘사는 방법은 사람이 사람 행실을 하고 순리에 입각하여 사는 것이다. 사람이 자기 자신을 없애고 산다는 것은 여간 힘들지 않으나 삶에 있되 그 삶에 얽매이지 않는 것이 잘사는 삶이다. 살아가면서 누구나 많은 고뇌와 고통 속에 무거운 짐을 지지만 자신을 없애 버리고 그 짐을 지지 않고 사는 삶이 잘사는 삶이다.

    말은 성인보다 더 잘하다가도 자기에게 침해되는 일에는 달라지는 것이 인간인 만큼 내가 없으면 부딪치지도 않고 삶에 얽매임도 없으니 이것이 최고 잘사는 방법이다.

사람이 저마다 정한 목표를 달성하려면 어떻게 해야 합니까?

목표라 함은 목적했던 표적이다. 이 목표가 이루어지려면 무엇보다 그 목표에 맞게 행동하는 것이 중요하다. 사람이 목표를 잡아놓고 이루지 못하는 첫째 이유는 행동이 없기 때문이다. 행동이 없는 것은 움직임이 없는 것이다. 움직임이라 하는 것은 희생하는 것이다. 희생이라 함은 타의 힘을 모으는 것이다.

목표를 달성하려면 타의 힘을 이용해야 하는데 그 힘이 무엇이냐 하면 바로 나의 행동과 희생이다. 행동이 있으면 목표를 앞지를 수도 있으나 행동이 없으면 목표는 이루어지지 않고 단지 꿈일 뿐이다.

세상 사람들이 그 목표를 이루지 못하는 근본 요인이 바로 행동이 없고 자기가 있기 때문인데, 자기 몸은 천근이고 비싸니 행동이 따르지 않아 이루는 자가 거의 없는 것이다. 아무튼 목표를 최상으로 쉽게 이루는 방법은 행동이다.

젊은이들은 학업을 마치면 취업을 해서 생계를 해결하고, 자기 발전의 계기로도 삼고 사회에 이바지하고자 합니다. 취업을 해서 성공할 수 있는 방법은 무엇입니까?

사람들이 먹고살기 위해서는 직업이 있어야 하는데 이 직업 중에는 육체적 노동의 직업보다 정신적 직업을 선호하는 것을 부인할 수 없다. 취직을 하려고 공부하고, 또 자격증 시험을 준비하는 것이 당연한 일이기는 하나 잘못됨도 적지가 않다. 옳은 취업이란 첫째 자기가 하고 싶은 일을 하는 것이 가장 좋고, 둘째는 자기의 적성에 맞아야 한다. 셋째는 보수가 보장되어야 한다.

하지만 이런 곳을 찾으려면 무척 힘이 드는 만큼 한번 선택이 중요하기는 하나 너무 오랜 세월을 여기에 얽매이는 삶은 바람직하지 못하다. 취업이 안 되면 무조건 좋은 곳을 바랄 것이 아니라 내가 찾아나서되, 나를 그 직업에 맞추려 하지 말고 직업이 내가 되도록 해야 한다. 남이 알아주지 않는 직업이라도 최고인이 된다는 생각으로 하면 어느 분야에서든지 성공할 수 있다.

사람들이 일자리가 없다 하지만 도처에는 많은 일자리가 있다. 어떤 분야든지 타의 추종을 불허하는 일인자가 되면 오히려 사람들이 부러워하는 직업보다 훨씬 빠르게 성공할 수 있다. 그저 희망하는 곳만 취업하려 하지 말고 어느 곳이든지 일 잘하는 사람으로 혼신을 바치면 성공하게 된다. 즉, 최고인(最高人)이 되려면 일이 내가 되고 나는 없어야 한다. 내가 없다는 말은 일을 위하여 꾸준히 행동하는 것인데 사람들의 마음은 순간순간 변하므로 꾸준히 행동하지 못하고 얕은 머리로 하니 성공이 드문 것이다.

성공을 하려면 또 지극해야 한다. 지극이라 함은 몸과 마음을 다 바침을 이야기한다. 지극이라 함은 나는 없고 일만 있는 것이다. 이것이 성공하는 방법이다. 생각과 행동이 일치해야 한다는 말은 쉽지만 사람은 스스로 계산하여 자기 무덤을 자기가 파서 생각만 많이 하고 행동이 없으니 성공의 길로 가지 못한다.

항상 나는 모자라니 남보다 훨씬 많은 시간을 투자하여 남과 같이 된다는 마음으로 일을 하면 틀림없이 성공할 수 있다. 내가 일하는 것에 비해 받는 월급이 적다고 하는 사람은 성공하지 못한다. 모두가 놀라도록 열심히 일하면 그 희생이 상대를 움직이게 하기에 그 상대의 힘을 얻어 성공하는 것이다.

중용(中庸)이란 무엇입니까?

　　중용이란 말은 넘치지도 모자라지도 않음을 말한다. 이 중용이 진리상으로 보면 있고 없고의 중간이며 완전함이지만, 여기서 말하는 중용은 진리가 아닌 인간 철학의 중용이다. 그러니 중용에는 배울 것이 없다. 이 중용은 단지 인간이 살아가는 데 평정하게 사는 삶을 이야기한 것이기 때문이다.

　　유교에서 이야기하는 중용은 천인합일(天人合一) 사상인데, 이 합일이 어떻게 되는지 바르게 아는 사람은 없다. 즉 천인합일은 천인이 하나 됨을 말하는데, 사람이 무(無)의 공(空)으로부터 나와서 무의 공으로 가니 일체의 내가 없으면 무의 공인 화기(和氣)가 되고, 이것이 천과 인의 합일이다. 천인합일이 되지 않은 사람의 상상과 생각은 진리가 아니다. 진리는 아는 곳에 있지 않다. 있는 그 자체가 진리이다.

고독의 원인과 이를 해결할 수 있는 방법은 무엇입니까?

고독이란 사람의 외로움을 말하는데 이 외로움은 여러 형태가 있다. 자기만 있다고 생각될 때와 소외당할 때인데, 자기 스스로 만드는 고독도 여기에 속한다. 고독은 자기가 있기에 느끼는 것이기 때문에 일체 자기를 없애면 고독이 없다.

누구나 고독하게 살아가는 것이기에 나보다 못한 이를 위안으로 삼아도 괜찮다. 고독은 스스로가 만든 것이지 원래 없다. 고독하다, 또 소외되었다고 생각하면 자기를 잃는 수가 있다. 누구나 인생 사는 것이 그런 것이니 없는 고독을 만들지 않음이 중요하다.

기쁨이나 즐거움은 어디서 찾아야 합니까?

인생을 살아가는 것은 곧 어려운 세월을 메워 나가는 것이다. 그러나 즐거움이 동반되지 않으면 인생은 삭막한 삶이니 죽고 싶은 사람도 많을 것이다. 사람의 삶은 목적과 뜻도 없다. 목적이 없는 삶을 살기에 사람은 힘이 들고 어렵다.

그러나 일체의 내가 없으면 인생에 걱정이 없다. 살되 걱정이 없으니 복 중에 최상의 복이다. 육체적 쾌락은 순간이며 사람에게 고통만 더하니, 아무것도 얻을 것도 남는 것도 없고 일체가 허무하다. 그러나 내가 없이 살면 불행도 불행이 아니고, 일체가 내가 아니니 있는 대로가 최고의 행복이며 기쁘고 즐거운 삶이다.

즉, 순리를 알고 순리에 의하여 사는 삶이 기쁘고 즐거운 삶이다. 그 순리는 서로의 정이니 기쁨이고 즐거움이다. 순리는 내가 없는 가운데 있으니 인도(人道)가 순리이고 인도와 천도(天道)는 같음이니 순리로 살아야 한다.

사람이 태어나서 살아가는 목적이 무엇입니까?

　인간은 본시 태어남이 무의 화기(和氣)에서 태어나니 무가 유(有)
됨이다. 형체가 생기니 그 형체가 자기의 자아인 줄 알고 사람이 그
자아에 얽매여 목적을 설정한다. 그러나 그 자아를 없애고 목적을 설
정하면 성인의 길이요, 진리의 길이 된다. 이것이 최상의 목적이다.

자녀 교육은 어떻게 해야 합니까?

자녀를 올바르게 키우기 위한 교육은 무엇보다도 자기를 없애는 공부를 가르침이 으뜸이다. 그러나 이것 자체가 실행이 어려우면 자기의 희생을 전제로 가르치면 된다. 그것이 바로 성공하는 것이다.

사람은 씨앗을 뿌리지도 않고 거두려고 하나 그것은 오히려 잡초가 되고 만다. 충실한 씨앗이란 바로 희생이다. 희생이 클수록 충실한 씨앗이 된다. 씨앗이 충실하지 않으면 그 나무가 충실할 리가 없다. 자식에게 그저 자기의 이익만을 위하는 약삭빠른 것만 가르치면 그 사람의 그릇에 한계가 있고, 큰 나무가 되기는커녕 죽어버리는 나무가 되기 쉽다. 또 한계가 있고 제대로 커 나가지 못한다.

진실한 마음으로 행하는 희생이야말로 다른 사람의 힘을 모아 큰 나무가 되게 할 수가 있다. 이 사실이 진리인데도 이를 모르니 사람은 자꾸 자기의 본마음에 어긋나는 조그마한 자기에 구속되어 산다. 이 희생이야말로 사회생활의 가장 큰 원동력이고 성공의 지름길이며, 인간 그릇의 크기를 무한하게 할 수 있다.

자식이 부모의 임종을 지켜보는 의미는 무엇입니까?

사람이 세상에 났다가 서로 이별하는 순간에는 하고픈 말을 하고 가는 것이 자기의 마음에 맺힘을 푸는 데 좋다. 다시 말하면, 돌아가시는 부모가 마음의 짐이 적으니 자식이 곁에서 임종하는 것은 좋은 일이다. 죽으면서도 마음의 짐을 많이 가지고 가면 세상에 대한 집착과 애착이 남아 더 많은 고생을 해야 하니 임종은 그 짐을 덜어주는 계기가 된다. 자식이 부모 곁에서 임종할 때는 울지 말고 편히 지켜봄이 좋다.

조상은 왜 섬겨야 합니까?

조상이라 하면 단군 할아버지로부터 시작하여 이 땅에 살다 간 선조들을 말한다. 조상에게 제사를 지내며 섬기는 이유는 다음과 같다.

첫째는 조상과 내가 다름없다.

둘째는 조상의 영혼이 돌아가신 지 백년이나 되도록 인간으로 살던 습성을 놓지 못해 먹을 것을 찾기 때문이다. 따라서 4대 조상까지라도 제사만은 지내주고 마음으로 공경해야 한다.

셋째는 조상이 서글프지 않도록 해주어야 한다. 넷째는 조상이 나와 함께 살고 있다고 생각하여야 한다. 다섯째는 우리가 조상의 살을 빌어 살아가고 있으니 조상과 사실상 함께 살고 있다. 그러니 섭섭하게 해서는 안 된다. 여섯째 조상을 잘 받들어야 음덕을 받는다.

세상에는 눈에 보이지는 않지만 위에서 받쳐주는 덕이 있어야 살아가며, 자기 혼자는 아무리 노력해도 안 되는 경우가 많다. 일이 잘 풀리려면 음덕이 있어야 하므로 우리는 조상을 잘 섬겨야 한다.

실제로 제사를 잘 받드는 집의 후손은 모두 잘 풀린다. 조상이 곧 나이고 내가 곧 조상이니, 조상을 섭섭하게 해서는 안 된다. 이것이 제사를 지내는 이유이다.

세상만물과 사람은 각 개체의 마음을 가지고 생존하고 있지만 사람이나 생물, 무생물이 이 마음을 버리거나 없애고도 생존이 가능한 이유는 무엇 때문입니까?

    마음은 모든 천지만상의 주체이자 그 본질이다. 그것은 실제 있는 가운데 없고, 없는 가운데 있는 그대로이나 사람은 이것을 몰라 마음이 있어야 사는 것으로 잘못 알고 있다. 마음은 있으나 없으나 그대로인데, 사람은 그 마음에 마음이 있으니 그것이 자기인 줄 안다.

    본마음은 있되 내 인간마음이 없으면 이것이 바로 참삶이다. 내 마음은 속박과 구속만 시킬 따름이지 나에게 도움이 되지 않는다. 이 일체의 나의 아상을 벗는 것이 바로 도(道)를 닦는 것이다. 본마음으로 살아야 잘사는 삶이다.

    그러나 여기에 나의 마음이 더해지니 이것이 영혼도 만들고 여러 망상의 근원을 만들게 된다. 나의 마음이 없으면 순리로 살 수 있고, 곧 완전한 진리의 삶을 살 수 있다.

인간의 위대함은 무엇입니까?

　인간의 위대함은 하늘에 닿을 수 있는 지혜를 가진 것이다. 또 인간의 위대함은 만물을 다스린다는 것이나, 이것은 자아 발견을 한 뒤에 해야 한다.
　그 외는 인간에게 위대함이란 없다. 그저 있는 대로 삶이 인간의 위대함이요, 진리의 삶이요, 참삶이다. 그러나 삶에 삶이 있으면 위대한 삶이 아니다.

인간의 건강은 마음과 어떤 연관이 있습니까?

　사람은 건강한 육체 속에 건강한 마음이 깃든다고 하나 이것은 잘
못된 생각이다. 건강한 마음이 있어야 건강한 육체가 있다. 이 말은
마음이 건강하면 육체가 병들지 않는다는 것이다. 마음이 건강하다
고 함은 마음에 가짐이 없는, 즉 자기가 없는 것이다. 이것이 최상의
건강법이다.

　운동을 하여 찾는 것은 번뇌망상으로 병들어가는 육체를 운동을
통해 그 번뇌망상으로부터 해방시키고 또 움직이는 성취감을 얻는
것이다. 이것은 건강에 도움은 되나 부지런히 해야 하는 단점이 있다.

　열심히 일하는 사람이 건강한 것은 마음에 병을 심을 시간이 없기
때문이다. 운동이 좋기는 하나 하지 않을 때는 오히려 나빠서 병이 오
기 쉽다. 이 운동 저 운동 어떤 것이 더 좋다고 할 수 없는 것은 제각
기 그 장단점이 있기 때문이다.

　많이 움직이면 오래 사는 것은 당연한 이치이나 최상의 건강법은
일체를 떠나는 것이다. 자기의 마음을 없게 하여 살아가는 방법보다
더 좋은 건강법은 없다. 마음에 마음이 없으면 기혈이 순조로워 그 마
음이 없는 가운데 모든 병이 치유되기 때문에 마음 없이 사는 것이
최상의 건강법이다.

한의학과 양의학의 차이와 그 장단점은 무엇입니까?

　한의는 우주 본체를 본떠 그 의학을 전수하고, 양의는 사람의 아픈 곳 자체를 치료한다. 한의와 양의는 각각 장단점이 있는데 한의는 근본을 치료하고, 양의는 그 부분을 치료한다. 한의가 양의보다 낫다고 할 수 없고 양의가 한의보다 낫다고도 할 수 없다. 인간의 모든 병은 마음으로부터 오기에 그 근본인 자기 마음의 변화가 없으면 병은 있게 마련이다.

　병은 원래는 없다. 이 천인지 중에서 인간들이 유난히 많은 질병을 갖게 된 것은 인간이 각 개체의 마음을 가지고 있기에 그 개체에 상응하여 병이 유발되는 것이다. 내 마음이 없는 곳에는 병이 절대 있을 수 없다. 그 병은 남이 만든 것도 하늘의 천벌도 아니고 자기가 만든 것이다. 병을 치유하는 데 한의, 양의를 번갈아 쓰면서도 자기 마음이 수용하여 치료를 받으면 더욱 효과가 있다. 예를 들면 부러진 다리를 고치려면 한의보다 양의가 낫고, 몸 깊숙이 뿌리박힌 병을 고치는 데는 한의가 낫다.

　그러나 이것보다 최상의 방법은 죽음도 두려워하지 않는, 완전히 내가 없는 경지가 최상의 치료법이다. 이 세상 동식물, 무생물까지도 모두가 자기가 없어짐을 싫어한다. 그것을 놓으려 하지 않으니 병이 있지 그 자체를 놓아 버리면 병은 순식간에 달아난다. 아주 아프다가도 자기가 죽음을 인정하고 마음이 평화로워지자, 꾀병같이 서서히 낫더라 하는 것이 그 예다.

모든 질병이 마음에서 생긴다면 마음은 어떤 경로를 통해 신체 각 부분에 전달되며, 질병은 신체의 어떤 부분에 자리를 잡아 생기고 커지게 됩니까?

마음에서 병이 생긴다 함은 그 마음이 바르지 않을 때 생긴다는 말이다. 바르지 않다는 것은 자기의 겉과 속을 다르게 하기에 잠재적으로 그 생각이 남아 있으니, 그 마음이 신경 계통을 통해 전달돼 정상적인 혈의 움직임이 되지 않아서 신체 각 부위에 병이 생긴다. 사람의 마음은 머리의 중뇌에 있고 그 마음이 신체 각 부위로 전달된다.

짐승의 장기나 인공 장기의 이식도 가능합니까?

　장기 이식은 인간끼리 해야 옳다. 인공 장기 이식도 필요 부분은 할
수 있으나 이것은 한계가 있다. 짐승의 장기는 사람에게 맞지 않다.
서로 전체의 균형이 맞지 않을 뿐더러 그 염색체가 달라서 바꾸었을
경우 얼마 되지 않아 그 기능을 발휘하지 못한다.

인공 수정으로 아이를 낳는 것은 순리에 어긋납니까?

　사람은 부부관계에 의해서 아기가 태어나야 하는데 그렇지 않고 타의 씨를 받아 수정하여 아기를 낳는 것은 천도에 어긋난다. 이것은 천리에 어긋남이니 그 후유증은 그것을 원한 사람에게 간다. 또 아기도 본래 사람의 규칙과 다르니 사람됨이 잘못된다. 그 잘못은 아기가 태어나도 건전하지 못한 경우도 있고, 또 그 부모의 마음이 없으니 사람의 모양과 삶은 같되 어디가 틀려도 틀리다. 순리가 아닌 방법이니 좋을 리가 없다.

　인공 수정을 하여 엄마의 자궁에 넣어 키우는 것도 씨의 체계가 그릇되면 천도에 어긋나니, 아이를 억지로 갖는 것보다 데려다 키움이 바람직하다.

사람이 미래의 병 치료를 위해 냉동 인간을 만드는 것이 옳습니까? 냉동 인간을 오랫동안 살아 있는 채로 저장할 수 있는 방법이 있습니까?

사람은 늙어 죽는 것이 순리이나 더 살기 위하여 끊임없이 노력한다. 그러나 우주의 모든 동식물 등 형체 있는 모든 것들은 그 수명이 한정되어 있다.

숨은 그 형체에 없어서는 안 되는 것이기에 형체마다 한정되어 있는 것이 하늘의 도이다. 즉, 모든 형체는 한정된 숨을 쉬고 죽는 것이 진리이다. 그런데 사람들이 진리를 모르기에 육체로 영생한다느니, 또 죽지 않는다느니 헛되이 믿고 있다. 따라서 냉동 인간을 만들어 세포를 그대로 보존해두면 훗날 의학이 더욱 발달했을 때 병을 치료할 수 있을 것으로 알고 있으나 그것은 잘못된 생각이다. 왜냐하면 사람은 숨이 끊어지면 곧 죽기 때문이다.

우리는 완전한 세포만 가지고 있으면 사는 것으로 알고 있지만 하늘과 사람은 연결된 고리가 있다. 그것이 바로 명(命)줄이다. 사람의 육안으로는 보이지 않지만 심안으로 보면 이 명줄은 투명하고 맑고 선명하며, 굵기는 손가락만 한데 사람이 죽으면 이 명줄이 끊어진다.

죽음이란 숨을 일정한 시간에 쉬지 않음을 의미한다. 그러니 사람이 숨을 쉬지 않고 그대로 냉동해 놓으면 자연사이다. 그러므로 이것은 실현 가능성이 전혀 없다. 만약 있다면 그 명줄을 이어놓을 도인이 있어야 하는데 그 도인도 전인(全人)이어야 하니 일반인은 불가능하다.

두뇌가 신체뿐 아니라 병에 대한 치료도 담당합니까, 두뇌가 인간의 마음이라면 몸 전체는 무엇입니까?

　사람은 원래 사람이 있기 전 아무것도 없는 곳에서 왔으므로 그 형체 자체가 우주의 음양 가운데 양으로 존립하나, 실제는 음 자체가 본체여서 사람이 죽으면 다시 음으로 되돌아간다. 이 양은 음의 범위를 형체화했을 뿐 있는 그대로이다. 그대로란 말은 음을 밀어내고 있음이 아니고 존재가 그대로이니 사람의 몸은 우주 속의 지구를 닮은 소우주이다. 사람이 형체 있음은 원래 나인 우주에서 하나의 양으로 표출된 것이므로 이것을 모두 없애 버리면 우주만 그대로 남는다.
　그런데 사람은 자기의 마음이 있어 죽어도 완전히 없어지지 않음이 문제인데, 그 인간의 마음이 어디에 있느냐 하면 중뇌에 있다. 이것이 사람 마음이다. 그 뇌는 인간을 관장하는 하나의 신 역할을 하는데 병이나 불치병을 치유하는 것도 이 마음인 뇌가 하는 것이다. 사람 몸 전체는 그냥 우주의 마음이나 사람의 마음은 뇌이다.

죽음의 한계는 어디까지이며 죽음에 대한 판단 기준은 무엇입니까?

죽음이라고 하는 것은 사람의 목숨이 끊어지는 것을 의미한다. 목숨이란 목의 숨이다. 사람은 숨이 멈추어 죽는 것만 죽음으로 알지만 숨을 쉬되 죽음과 같은 삶도 있어 이것이 문제이다. 이럴 경우 충격에 의하여 회복되는 경우도 있으므로 죽음의 한계는 사람으로서는 단정 짓기 힘들다. 따라서 현재로서는 의학에서 판단하는 방법에 의존하는 수밖에 없다.

뇌사를 죽음으로 인정하는 것이 옳습니까, 뇌사의 기준은 무엇이 되어야 합니까?

뇌사라 함은 뇌가 죽은 것을 의미하는데 뇌가 죽으면 사람은 소생 불가능하여 끝이 난다. 이 뇌가 인간의 모든 부분에 지시를 전달하여 움직이게 하므로 뇌가 죽으면 곧 죽음이다. 뇌사로 인해 머릿속의 골들이 손상되면 의술로도 고치지 못하니 이것이 뇌사이다.

사람이 뇌사가 되어도 숨을 쉬는 것은, 다친 부분이 그쪽과는 관계가 없는 부분이어서 숨을 쉬고 기능은 하고 있으나 사실상 죽음이다. 하지만 판단이 정확해야 한다. 아무튼 의식 판단을 하는 곳이 크게 다쳐 회복 불능이면 뇌사이다.

고통 속에서 죽음을 눈앞에 둔 환자를 안락사시키는 것은 옳은 일입니까, 고통을 없애고 죽음을 맞을 수 있는 방법은 무엇입니까?

사람의 수명은 하늘에 매여 있고 하늘이 사람이다. 이 사람이 죽음은 당연하다. 죽기 전 고통이 심하여 안락사를 원하기도 하나 안락사는 순리가 아니다.

사람으로 태어나서 죽을 때는 두 가지의 죽음이 있다. 하나는 순리로 죽음을 달게 받는 것이고, 다른 하나는 죽기가 싫은 고통의 죽음이 있다. 그러나 사람은 그대로 둠이 옳다. 고통 없이 죽는 방법은 없다. 다만 있다면 순리로 받아들이는 마음밖에 없다.

인간이 범죄를 저질렀을 때 죄의 무거움과 가벼움에 따른 처벌 방법은 무엇입니까?

인간이 죄를 저지르면 형벌이 주어지는데 이 법이 각 나라마다 다르고, 어떤 나라에서는 죄가 안 되는 경우도 있다. 이처럼 형벌은 사람이 만들어 부조리가 많다. 어쨌든 사람이 죄를 저지르면 감옥에 넣는 것보다는 힘든 노동을 일정 기간 시킴이 바람직하다. 왜냐하면 사람이 감옥에 갇혀 가만히 있으면 삶을 잘 모르기 때문이다.

삶을 위하여 저지른 죄는 삶을 통해 배우도록 해야 한다. 더구나 잔혹한 죄인이더라도 그런 노동을 통하여 자기의 삶을 반성할 수 있게 해야만 한다.

사람이 살다 보면 죄를 저지를 수는 있되, 다시 죄를 못 짓게 함이 순리이지 그 죄를 형벌로 갚으려 함은 죄를 가중시킬 뿐이다. 재소자들로 구성된 업체를 만들어 그 죄과만큼 일하게 함이 바람직하다.

고된 노동을 하다 보면 마음이 닦여가니 죄를 짓고 싶어도 노동의 양이 몸서리쳐져 죄를 다시 짓지 않을 것이다. 노동의 양은 노소와 청장년 건강 상태를 분류하여 정하되 공정하게 하고 그 노동의 양이 끝나면 사회에 나가게 하면 된다. 취침 시간과 노동 시간 등 모든 것을 규칙적으로 하되, 열심히 일하는 자는 빨리 나가게 하면 된다.

인간 삶에 대한 예언이 옳지 않은 이유는 무엇입니까?

예언이라 함은 우주의 순리에 관한 예언이 있고, 인간 삶에 대한 예언이 있다. 이 예언 가운데 우주의 예언은 진리이므로 맞지만 인간 삶의 예언은 참의 세계가 아니므로 예언 자체가 진리가 아니다. 왜냐하면 인간의 삶이 허(虛)에 있고 참이 아니기에 그러하다. 참은 일체가 끊어진 무(無)에서 존재하므로 삶을 미리 앎이란 진리 측에서 보면 이치에 맞지 않다.

비록 무당과 같이 빙의가 된 사람의 예언이 맞는 경우도 있지만, 진리 측에서 보면 비록 맞더라도 인간 삶 자체가 허이므로 참이 아닌 예언에 얽매여 사는 것은 옳지 않다.

한국의 미래는 어떻습니까?

한국의 장래는 매우 밝다. 한국에서 이제 최고의 도인(道人)들이 부지기수로 나올 것이며, 그 도인들이 정치·경제·사회 전반을 순리로 바로잡고 하늘의 정보로 다른 국가에서 상상도 못할 만큼 과학을 발전시킬 것이니 한국은 전 세계의 으뜸 나라가 될 것이다. 종주국이라함은 으뜸되는 나라도 되고, 종교의 주되는 나라도 된다는 말이다.

이제 미완성된 종교·사상·철학·정치·경제·과학 등 모든 것이 완성으로 바뀌고 이 완성은 완전으로 바뀌니, 누가 감히 우리나라에 대적할 수 있겠는가. 이 모든 것을 배우기 위해 세계 각처의 석학·종교 연구가·정치인이 몰려와서 한국의 모든 사상을 배울 것이니, 한국은 최상의 나라에다 아무도 따르지 못하는 나라가 된다.

사람들은 천도를 알아 순리에 의하여 살 것이고, 사람들은 정으로 대하니 지상낙원이 된다. 서로가 없고 사람 밑에 사람 없고 사람들은 경계심 없이 화색이 만발하니 한국인들은 최상의 나라에 태어난 행복을 알게 될 것이다.

모든 불안이 일체 사라지고 깨끗하여지니 하늘에 선택된 선민으로서 이 나라는 무궁하게 발전될 것이다.

이스라엘과 아랍 국가 사이의 분쟁을 해결할 방안은 무엇입니까?

이스라엘은 선천(先天)에 하늘에서 선정 받은 국가이니 아랍과의 많은 전쟁에서도 절대로 넘어지지 않았다. 그것은 하늘에 모든 힘이 정해져 있기 때문에 이스라엘이 패하지 않았다는 것이다. 설령 이스라엘이 더 큰 나라와 상대해도 넘어지지 않았을 것이다. 중동과의 전쟁은 사상·이념, 즉 종교 차이와 갈등으로 빚어졌는데, 이들은 진리에 어둡고 종교란 궁극적으로 하나임을 모르기에 싸움이 빈번했다.

지금까지 종교로 인하여 많은 사람이 죽었던 것은 너나가 있었기 때문인데, 지금 종교 체제로는 중동 문제를 해결할 방법이 없다. 그러나 이를 해결할 수 있는 방법은 다음과 같다.

첫째는 그들이 믿는 종교가 그들의 지역에 따라서 다르지만 궁극적으로 하나임을 가르치는 것이다. 예수와 성인들이 세상에 와서 같은 진리를 가르쳤지만, 인간들이 그것을 지역에 따라 서로가 다르게 알고 하느님을 섬겼기에 합일을 하지 못한 것이다.

둘째는 이념과 체제가 합일하려면 그들이 가진 사고방식, 즉 그들이 가지고 살아온 인습을 버려야 한다. 사람은 고정관념에 사로잡히면 그 고정관념에서 벗어나기가 힘드니, 그것을 합일시켜야 평화가 온다.

셋째는 그들의 지역 차이와 빈부 격차를 없애는 것이 평화의 방법이다.

세계가 평화의 무드로 접어들 때 그들 스스로가 이념과 체제를 바꾸어 그 시기를 앞당길 수 있다.

세계의 정치와 경제는 앞으로 어떻게 됩니까?

지금은 세계에 각 나라가 있으나 훗날 하나가 된다. 완전한 정치·
문화·사회 등을 종주국인 한국이 가르쳐주면 다른 모든 나라들은 하
나 됨을 배워 세계가 화일(和一)되는 것이다. 세계 다른 국가가 물 흐
르듯 흐르고 부딪침이 없는 한국의 정치를 배우지 않을 리 없고 대각
의 도를 배우지 않을 리 없으니, 그들은 이제 고민이 있으면 한국에
찾아올 것이다. 이제 전 세계가 하나 됨이 완전함이다. 국가와 국가가
없고 인종 차별이 없고 어디를 가나 형제와 같으니 세계 정치가 완전
함이 되는 것이다.

세계는 무력으로 힘겨루기를 하다가 이제는 경제 전쟁으로 가고
있다. 이 세계 경제도 얼마 있지 않아 막히게 될 것이니 이제는 완전
함이 없이는 경제도 구제될 길이 없다.

세계의 경제는 이대로 한참 혼란을 거듭하다가 그 막이 내려지고,
순리를 따르는 나라만 살게 되어 있다. 물건도 순리에 의하여 만들고
이익도 순리에 따라 남겨야지 덤핑이나 싼 인력으로 저품질의 물건
을 만들어 파는 국가는 서서히 무너지니 마침내 참만이 살 수가 있는
것이다.

한국에 의해 세계 경제가 주도되는 때가 얼마 남지 않았다.

세계는 어떻게 해야 바르게 갈 수 있습니까?

세계는 지금까지 인간이 인간을 못살게 하는 시대였으나 한국에서 대도(大道)가 나오니 순리에 의해 해결될 것이다. 순리는 걸림이 없으므로 물 흐르듯 그 매듭을 풀 것이니 다른 국가는 동방의 해 뜨는 나라 한국에서 순리를 배워 가서 자기 나라 사람에게 순리를 가르치게 된다.

인간은 원래 너나가 없고 모두가 하나인데도, 사상·종교·인종 등으로 분리되어 서로 시기와 질투를 해왔다. 이제는 완전한 하나 됨을 배우고, 순리에 의한 스승의 나라 한국에 와서 도를 배움으로써 사람들은 순리로 살게 된다.

사람들에게 진리인 대도를 가르쳐야 한다. 세계인이 완전한 도로써 나라를 움직이고 사람을 대하는 것을 배워야 한다. 이 길만이 세계인이 사는 방법이다.

생명·사후 세계
제 5 편

만상에는 각각의 수명이 있다.

만상이 우주의 근원인 본체에서 나와 형질화되면, 그 형체에 따라 수명이 주어진다.

형체로 보이는 만상은 하나도 영원한 것이 없다. 이것이 진리이다.

만물이 생기는 과정과 근원은 무엇입니까?

　만물은 그 지역의 특성에 맞게 탄생되는 것이다. 탄생은 지수화풍(地水火風)에 의하여 이루어지는 것이므로 지수화풍은 만물의 탄생 근원이다. 그 탄생된 만물은 언젠가는 지수화풍으로 다시 돌아간다.

　이렇게 만물은 생성 과정을 거치지만, 우주는 더함도 없고 뺌도 없이 그대로이다. 물질이 생기면 사람들은 창조된 줄 알고 있으나 창조됨이 아니고 그대로이다. 가령 석탄에서 나일론을 만들면 형체와 형질이 바뀌었을 뿐 근본은 그대로이다.

　그러나 모든 것이 완전히 아무것도 없는 것에서 있게 되는 것은 아니다. 오히려 비실체가 참이고 형체가 드러난 것이 허(虛)이다. 원래 있음에서 있음이므로, 만물에 창조됨이란 없다. 다시 말하면 만상은 비실체에서 와서 비실체로 되돌아간다. 우주의 생성 과정도 우주 본체신의 날숨에 의하여 만상이 생기고 들숨에 의하여 없어지는 것이다.

세상에서 음과 양으로 만물이 나타난 이유는 무엇입니까?

　세상 일체 만물은 음과 양으로 지어졌다. 그것은 내 존재가 원래 음과 양이기 때문이다. 음은 본래 보이지 않음을 의미함이요, 양은 눈에 나타나 있는 물질을 의미한다. 나는 원래는 음이었으나 음에서 양이 나오게 되었고, 그 양은 다시 천지만물을 잉태하였다. 또 천지만물을 잉태함도 양으로 형성된 것이 있고 음으로 형성된 것도 있다. 음과 양은 천지창조의 기본 요소이며, 그 음과 양이 없으면 세상의 모든 동식물들은 번식할 수 없다. 이것이 자연의 순리이다.

　음과 양은 세상에서 둘도 없이 존귀한 것이지만, 그 음양으로 인하여 생성되는 만물은 일정한 기간이 지나면 저절로 없어진다. 이것을 사람들은 수명이라고 한다. 인류가 이 지구상에 생기고 이 지구를 지나간 사람이 아무리 많아도, 이 지구의 부피와 무게는 변하지 않는다. 음과 양은 서로 조화되어야 좋아하고, 음과 양은 서로를 위하여 공존한다. 음이 높고 양이 낮고가 없이 서로 같다.

　모든 것은 동일하나 본래가 음과 양으로 되어 있으니 천지만물의 요소도 음양으로 형성되었다. 이 지구도 양이지만 음인 하늘에 의하여 모든 것이 탄생되었다. 이것이 하늘의 법도요, 하늘의 이치이다. 이것이 바로 음양이 형체상으로 나타난 순리이다.

하늘이 사람을 나투게 한 이유는 무엇입니까?

　사람은 하늘이 나투게 한 것도 아니고, 사람이 만듦도 생김도 아니다. 사람이 하늘이고 땅이고 만상이고, 우주의 실체는 있는 그대로이다. 하지만 하늘이 사람을 만든 이유를 굳이 말하면, 다른 세상만물을 다스리라고 탄생시킨 것이다. 즉, 사람으로 하여금 만상을 다스리고 순리로 생활하도록 했으나 사람이 순리로 하지 않으니 인간세상이 문제인 것이다.

　다시 말해 사람과 만상은 서로 같음인데도 사람이 만상을 다스리라는 말은, 만상을 이용해 먹고삶을 평등히 하라는 말이다. 인간이 만상을 이용해 욕심 부리라는 말이 아니다. 모든 것이 하늘이니, 하늘이 공평하듯 인간도 공평히 나눠 갖고 순리로 다스리라는 말이다.

　바로 이것이 하늘이 인간을 나투게 한 이유이다.

만상에 수명이 주어진 이유는 무엇입니까?

　만상에는 각각의 수명이 있다. 만상이 우주의 근원인 본체에서 나
와 형질화되면, 그 형체에 따라 수명이 주어진다. 다시 말하면, 형질
화 자체가 수명인 것이다. 그러니 영원한 삶은 없다. 단지 형체에 따
라 수명이 다를 뿐이다. 형체로 보이는 만상은 하나도 영원한 것이 없
다. 이것이 진리이다.

사람의 운명이란 무엇입니까, 그리고 그것을 미리 알 수 있습니까?

사람은 이 세상에 태어나서 할 일도 많고 하는 일도 많다. 많은 사람이 자기 운명에 관하여 생각하고 알아보려고 하나 정확한 해답을 모른다. 그 이유는 사람이 자기의 마음을 가지고 있어 그 마음을 자기가 운용하고 있기 때문이다. 또 사람의 마음은 시시때때로 변하니 그것이 문제이다. 아침 생각과 저녁 생각이 다르고, 저녁 생각과 아침 생각이 다르니 하는 말이다. 사람이 세상에 태어나서 온 곳도 모르고 갈 곳도 모르니, 자기의 운명에 대하여 끝없이 궁금해한다.

사람은 본래 없는 가운데 왔고, 그 없는 가운데가 바로 최고의 진리 자리이다. 이곳이 어디인지 왜 탄생을 만들었는지 진리를 알면, 사람의 모든 궁금한 문제가 다 풀린다. 그러나 진리를 모르면 캄캄한 밤중이라서 미스터리인 자기의 삶을 의식하게 되는 것이다. 운명이란 원래가 없는 것이며 한 형틀 속으로 자기가 옮겨가고 있을 뿐인데, 왜 그런지 알고자 하니 문제가 발생된다.

변해 가는 시간의 흐름 속에 인간이 구름 떠가듯이 가나 이를 모르고 인간이 구름의 주인이 되려고 하니 스스로 운명을 만들어 힘이 들고 그 운명이 어렵기만 한 것이다. 인간은 구름에 달 가듯이 가는 나그네인데, 구름도 막고 달도 막으려고 하니 운명이 있는 것이다. 이 운명이 찬란하기를 바라는 것이 사람의 마음이나 찬란한 이는 몇 명 안 되고 모두가 어려운 고통 속에 살아가고 있다. 따라서 사람이 하늘에 매인 운명을 이탈해 보려고 하지만 그 운명은 바뀌지 않는다. 그 운명에 순종함이 옳으나 억지로 바꾸어 보려고 하다가 운명을 역행하여 오히려 악의 운명을 불러일으키기도 한다. 아무튼 운명은 없다면 없고 있다면 있는데, 없는 것은 정해져 있다는 의미이고, 있다는 것은 자기가 개척하여 바꿀 수 있다는 의미이다.

나쁨을 좋음으로 바꾸고 이 운명에 일체 구속이나 속박되지 않는 방법이 한 가지 있다. 그것은 도(道)를 깨쳐 진리를 앎이다. 진리에는 모든 속박, 구속도 없으며 아무것에도 걸림이 없다.

이것이 사람들이 이야기하는 운명의 본래 뜻이다.

주역이란 무엇입니까?

주역(周易)이라 함은 주나라 때 세운 역학이다. 학술적인 근거로 우주의 천체와 모든 산학을 포함해서 인간의 개인적인 길흉화복까지 이 역학에 맞추어 푸는 것이다. 지금의 천문학이나 철학, 수학 등의 전부가 주역에 포함되어 있는데, 주역엔 당시의 최고 학자들이 공부했던 내용이 담겨 있다.

역학은 잘 맞는 것도 있기는 하나 역시 완전하지 못하다. 또 학문이기에 어렵게만 표현되어 그 당시에도 어려운 학문이었을 뿐 아니라 지금도 해석하기 어려운데 자기 자신, 다시 말하면 책을 쓴 이만 이해하는 것도 있다. 주역은 근사치이기는 하나 진리는 아니다.

토정비결이란 무엇입니까?

　토정 이지함 선생이 주역을 사람에 맞추어 그 운명을 풀이한 것이다. 하늘의 12짐승에 사람을 맞추어 태어난 시일을 넣으면 그 사람의 운명이 점쳐지는 것이 토정비결이다. 그런데 이것도 통계학적으로는 비슷하나 실제는 완전치 못하다. 완전하지 못하다는 것은 맞지 않다는 것이다. 맞지 않다는 것은 불필요하다는 말이다.
　인간의 운명이 때때로 변함은 사람의 마음이 변하기 때문이다. 그 마음의 크기를 알아야 그 범위를 알 수 있는데, 실제는 그렇지 못하므로 알 수가 없다. 사람의 운명은 완전함만이 알 수 있다.

점성술이란 무엇입니까?

고대의 서양에서는 별자리를 보고 운명, 국운 등을 점쳐 왔다. 자연에 순응하던 시절에는 그 별의 움직임을 보아 미래를 점쳐 왔던 것이다. 이것도 상당히 일리는 있었으나 꼭 맞지는 않았다. 진리와 옳음은 그대로 계승되지만 잘못됨이 있으면 순간에 없어지는 것이 허이니, 옳음은 있었으나 점성술도 꼭 맞지는 않으니 사라진 것이다. 별자리로는 정확히 알 수가 없는데도, 하늘의 이치를 깨달은 한 목동이 하늘과 이야기한 것이 별을 보고 예언한 것으로 잘못 알려진 것이다.

별에 인간의 장래 운명이 매여 있지는 않으나, 그 별들의 힘에 의하여 지구도 있듯이 운명에 영향은 있다.

죽었다와 돌아가셨다의 차이는 무엇입니까?

    죽었다는 것은 사람이 숨을 쉬지 않으니 목숨이 끊어짐을 이야기한 것이고, 돌아가셨다는 뜻은 인간이 원래 아무것도 없는 무(無)의 공(空)에서 와서 무의 공으로 되돌아갔다는 말이다. 이 말은 진리를 아는 분들이 한 것이다.

영혼과 육체는 하나입니까, 둘입니까?

사람은 영혼과 육체를 분리하나 사람의 영육은 달리 있음이 아닌 하나이다. 영육이 하나인 사람이 죽음과 동시에 일체가 없으면 본자아의 경지인 우주인데, 사람은 이것을 모르고 영혼을 만들어 죽으니 본체가 자기 영혼에 가려 보이지 않아 고생을 하게 된다.

사람은 있는 그대로가 사람 본체의 모습이고, 그것이 없어져도 나는 그대로 있는데, 사람은 자기가 없어지면 일체가 죽은 줄 안다. 이것을 바로 깨닫는 것이 도(道) 공부요, 이것이 진리이다. 인간은 그대로이지 죽고 살지 않는다.

죽음 뒤에 사람은 어떻게 되며 어린아이와 어른의 차이는 무엇
입니까?

어린아이가 죽으면 역시 죽은 영혼도 어린아이 행실을 한다. 다시
말하면 이 어린 영은 어디로 가야 할지 모르고, 집이나 엄마 곁에서
맴도는 수가 많다. 이와 함께 어른이 돼서 죽어도 수명을 다하지 못하
고 죽으면, 역시 집착이 남아 집 주위에 머무는 경우가 많다.

자기 수명을 다하고 죽으면 미련이 없기에 오래지 않아 스스로 갈
길을 가려고 한다. 사람이 병이나 사고로 죽으면 그 병과 사고로 인한
미련과 집착을 가지고 주위나 구천에서 맴돈다.

거의 대부분의 사람은 죽은 뒤에도 자기가 살았을 때와 같은 행동
을 하게 되는데, 죽음이 무엇인지 알지를 못하니 자연의 순리로 귀의
하지 못한다. 그러므로 사람이 살아생전에 깨달아서, 살아서도 우주
에 살고 죽어서도 우주에 사는 것이 최상의 법도요, 진리이자 본자기
로 돌아감이다.

우리는 살아생전 돈 버는 것에는 목숨을 거는 반면 영원한 자기를
찾는 데는 인색하기 그지없으니, 참 진리를 모르고 죽어서도 고생하
는 것이다. 진리란 변하지도 없어지지도 않지만 살아생전 찾지 못하
면 죽은 뒤에는 찾는 데 기약이 없고 엄청난 힘이 드니, 살아 있을 때
자기를 찾는 공부에 힘써야 한다.

천당과 지옥의 차이는 무엇이며 죽은 사람의 영이 천당이나 지옥에서는 어떻게 지냅니까?

천당이라 함은 하늘의 집이요, 지옥이라 함은 땅의 집이다. 천당에 가는 이는 계율에 얽매이지 않고 마음에 짐이 없는 이가 가고, 계율을 지키지 못한 이는 스스로 지옥으로 간다. 천당의 삶은 짐이 없으니 편히 살아가고 지옥의 삶은 짐이 있으니 힘들게 살아간다. 그 짐이라 함은 자기 마음 가운데 있는데 사람은 죽어도 자신의 그 마음을 그대로 가져가니 스스로 죄와 업을 만들어 지옥에 가는 것이다.

이때까지는 죄와 업으로 각 종교에서 인간을 묶어 놓았지만, 이 죄업이 인간에게는 원래 없다. 그 죄업이 없음을 배움이 바로 도 공부다.

각 종교에서 인간에게 죄업이 없는 것을 가르쳤으면 지옥에 가지 않을 텐데, 그 지옥이 있다고 하고 죄업을 만들어 놓으니 인간에게 지옥이 있고 죽어서도 거기에 가게 된다.

이제는 지옥이 없다. 사람 삶 자체도 고행인데, 지옥조차 만들어 다시 고생시킴은 천도에 어긋남이고 순리가 아니다. 인간이 철없이 먹고살며 저지른 일들이 죄와 업이 될 수 없다.

눈에 보이는 귀신이나 유령이 있습니까?

귀신과 유령이라 함은 하나의 상념체이다. 상념체라고 하면 상상의 생각에서 나온 것이다. 사람의 마음이 아주 허할 때나 완전 자기가 없을 때, 상념체이기는 하나 실존하는 형체를 볼 수가 있는데 이것이 유령과 귀신이다.

이 유령과 귀신은 그냥 있는 것도 있지만 한을 품은 것도 있어 한과 원이 있으면 유령이 된다. 이 유령은 살았을 때 한과 원이 맺힌 영이다. 흔히 우리가 말하는 귀신은 영이다. 도처에 흔한 것이 귀신이고 영이지만, 우리 눈에 보이지 않으니 우리는 모르고 살고 있다.

영혼 결혼식은 효과가 있습니까?

총각, 처녀가 죽으면 그 영혼도 결혼을 하고 싶어한다. 죽은 뒤에도 삶으로 착각하여 결혼하고 싶어하고, 서로 좋아하는 대상도 인간 습성과 마찬가지이다. 그래서 결혼도 하지 못하고 죽은 게 한이 될까봐 가족들이 영혼 결혼식을 시키기는 하나 실제는 하지 않는 경우가 많다. 왜냐하면 그들도 사람의 습성이 그대로 남아 있으므로 영혼 결혼식을 올리면 시키는 대로 하는 영혼도 있지만, 대부분은 자기와 상대가 맞지 않는다고 하지 않는다. 즉, 영혼도 자기가 원해야 하므로 안 하는 경우가 더 많다는 것이다. 아무튼 영혼 결혼식은 실제로는 안 함과 같다는 이야기이다. 그러나 백 명 중 한두 명은 한다.

이 영혼 결혼식도 완전히 성사시키려면 영을 볼 줄 알아서 영에게 물어보고 시켜야지 무조건 시킨다고 되는 것이 아니다.

사후 세계는 어떤 것입니까?

　인간은 사후 세계에서도 인간과 같이 존재하는 줄 알고 있으나 그렇지 않다. 존재한다 함은 존재하지 않는다가 되는데, 이 말은 또 존재한다는 것이다. 이 말이 무슨 말이냐 하면, 사람이 살았을 때의 습성을 가지고 가면 존재가 있고, 습성을 벗으면 없다.

　그 습성을 가지고 감이란, 인간 살 때의 고통을 그대로 가지고 간다는 것이다. 사람이 일단 죽으면 없어야 함이 순리이고 진리인데, 자기가 있어 살아감은 고통만 가중될 뿐이다. 자기가 없으면 우주가 자기이므로 여기저기에도 속하지 않는다. 이것이 사후 세계이다.

인간이 윤회를 통해 짐승, 사물, 은행나무 등으로 환생할 수 있습니까?

　사람은 생명이 있고 지혜가 있어 무생물이나 동물과 다르다고 생각하나 사람이 무생물이고 사람이 동물이다. 천지만상이 원래는 하나이나 형상이 수백만 가지이니 그 형상마다 이름이 있고 그 형상에 따라 식물, 동물, 무생물이라는 분류가 있고 제각기 행동이 다른 것이다. 사람은 사람의 지혜로 모든 것을 풀려고 하지만 한계가 있다.

　모든 것은 하나이니 사람이 죽어 환생함도 이것저것에 구애됨이 없다. 다시 말하면 무엇으로든 환생할 수 있다는 이야기이다. 또 사람이 세상에 태어났기 때문에 사람이지 사람이 아닐 때는 하나의 없음으로 와서 없음으로 갔다가 다시 업연에 의하여 만상으로 태어난다. 그것은 돌이든 무엇이든 마찬가지이다.

　사람이 죽으면 가는 곳이 크게 네 가지 있다.

　첫째는 자기 본체로 가는 것이고, 둘째는 자기가 지은 업대로 가는 것이고(천당이나 지옥), 셋째는 자기가 구천에 머물러 있는 것이고, 넷째는 자기가 구천에 머물다, 혹은 천상에 다시 환생하는 것이다.

　이것이 사람이 죽어서 가는 곳이다. 즉, 사람이 죽으면 마음(영혼)이 남는데 그 마음이 타 매개체에 영입하면 다시 실체가 생기니 이것이 바로 환생이다.

꽃씨와 나무 열매, 물고기의 알을 비롯한 수많은 생명체들도 모두 윤회에 의해 생겨난 것입니까?

꽃씨, 나무열매, 물고기의 알 같은 수많은 생명의 개체 중에는 윤회에 의하지 않는 것도 많다. 왜냐하면 꽃이 있으니 씨가 있고, 나무와 물고기도 그 자체가 있으니 결실이 있는 것이므로 씨와 열매 등은 개체가 아닌 그 본체의 한 부분이다.

따라서 윤회에서 생긴 것이 아닌 그 본체일 뿐이다. 이것이 나중에 개체를 가지고 분리되면, 개체의 자기가 있어 윤회되는 것이다. 그 자체에 있을 때는 그 자체에 속한다.

쉽게 이야기하면 씨와 열매는 그 나무와 동일하고, 그 알은 그 물고기와 동일하다. 이것들이 나중에 개체로 분리되면 각각의 마음이 스스로 생겨 이것이 윤회된다.

짐승이 죽으면 그 영은 어디로 갑니까, 도살장에는 짐승의 영이 가득 차 있습니까?

짐승이 죽으면 그 짐승의 영도 어디로 갈지 모르고 자기가 살던 곳을 배회하다가 어느 시기가 지나면 스스로 필요 없음을 알고 떠나간다. 도살장에서 죽은 짐승의 영들도 갈 곳을 모르고 죽은 데 대한 원한이 있어 거기에 머무는 경우가 대부분이다. 왜냐하면 모든 생명은 죽을 때 악을 품기 때문인데, 그 악이 남지 않게 그 영들을 천도할 수 있어야 하는데 그렇게 하지 못하니 가슴 아픈 일이다.

그 영들은 일정 기간 있다가 결국은 떠나간다. 자기 멋대로 아무 곳이나 다니다가 세월이 지나 다시 환생할 때는, 영혼이 아주 작은 몸체로 변해 마치 정자 같은 모양으로 허공에 떠돈다. 이때가 그들이 다시 환생할 단계이다.

유체 이탈이란 무엇입니까?

원래 사람이 있으면 사람과 똑같은 유체(幽體)가 있다. 이 유체는 인간의 눈에는 안 보이나 실제는 있는 것인데, 그 유체는 맑고 투명하여 보이지 않는다. 그러나 마음이 없는 자는 볼 수 있다. 없기에 볼 수 있는 것이다. 유체는 사람의 마음체여서 실체의 마음체와 행동함이 똑같아 시공(時空)의 차이가 없다.

우주의 모든 곳에 순간적으로 갈 수가 있고 순간에 움직이므로, 사람 몸에서 분리되어 자유자재로 움직여 소식을 전할 수 있다. 이것이 유체 이탈이다. 사람이 살아 있되 이 유체를 움직이면 천국이나 극락도 자유자재로 왕래하여 소식을 알 수가 있다. 마음에는 과거, 현재, 미래가 없으므로 과거의 일도 알 수 있다. 마음에는 시공이 없다.

인간이 죽으면 이 유체가 바로 영혼이 된다. 이 유체(마음)마저 죽어서 없어지면 대도인(大道人)이요, 걸림이 없는 자유인이 된다. 이 유체 이탈은 마음이 맑은 사람들은 누구나 다 된다.

영계(靈界)는 어떻게 이루어져 있으며 영과 신의 세계는 어떤
차이가 있습니까?

영의 세계는 만물이 죽어서 자기 마음을 가진 영들이 모여 사는 곳
이다. 영에는 다섯 단계의 영이 있다.

첫째는 아무것도 깨닫지 못한 영, 둘째는 깨달음이 조금 있는 영,
셋째는 깨달음 반과 깨닫지 않음 반인 영, 넷째는 깨달음이 조금 더
많은 영, 다섯째는 깨달은 영이다.

깨달음이란 진리를 아는 것인데 영계의 깨달음은 열반하지 않은
상태, 즉 마음자리 앎이다. 그 외에는 한결같이 자기가 있어 해탈하지
못한 상태이다. 이는 만사가 있는 것으로 착각하는 삶이다. 천국이나
극락도 이런 깨닫지 못한 영들의 일종의 교화기관인데, 여기서도 완
전 열반까지는 많은 시간이 소요된다. 그 영들은 스스로 깨쳐야 하기
때문에 기약도 없이 오랜 세월이 걸린다.

그러나 그마저 천국이나 극락에 간 영의 수효는 아주 적고, 지옥이
나 중천에 떠도는 영들이 아주 많다. 그들은 현상계에서 고통받으며
살았을 때의 그 집착을 버리지 못하고 있다. 버리지 못함이란 삶으로
착각하고 있다는 것이다. 이에 비해 신(神)이란 대각을 한 영이다. 대
각이란 완전 자기가 없는 상태, 즉 그것은 곧 우주이어서 어디에도 구
속됨이 없다. 이것이 완전 해탈이다. 내가 없으니 대자유이다. 따라서
신들은 형상을 나투어 중생을 구제할 수도 있다. 그리고 함께 살지만
자기의 본마음이 없이 산다. 이것을 일컬어 우주심이라고 한다.

진혼굿을 하거나 살풀이를 하는 것은 효과가 있습니까?

　　사람이 죽으면 그 사람의 영혼이 업연에 의하여 간다. 그런데 죽은 사람이 그 업연에 마음의 뿌리를 두어 영혼이 가지 못하니 진혼굿으로 그 마음을 달래어 업연을 잊도록 하는 것이다. 이것도 일리는 있으나 실제로는 그렇게 많이 되지는 않는다. 하지만 되는 것도 있다.

　　진혼굿은 대각자가 해야 하고 살풀이도 대각자가 해야 한다. 선천에는 되지 않았으나 후천에는 모든 영에 이런 것이 없어진다. 영이 아닌 신으로 하늘에 가는 시대가 활짝 열렸다. 사람이 깨치면 여기서 영생을 한다.

사람이 죽은 뒤 절에서 49재를 지내거나 천도법회를 하면 영혼
이 극락세계에 갈 수 있습니까?

절에서 49재를 지내는 것은 49일간 떠돌아다니는 죽은 사람의 영
혼을 극락으로 보내려고 49재를 지내나, 영혼은 극락이 어디인지 알
수 없으니 갈 수 없다. 천도법회도 어디로 천도시켜야 할지 모르니 영
혼이 극락세계는 갈 수 없으나, 현재 산 사람들에게 마음의 위안이 되
니 천도식을 하는 것도 괜찮다. 이제는 누구나 죽으면 다 하느님, 부
처님 나라에 들 수 있다. 일체의 자기가 없으면 살아서도 하늘나라에
누구나 들 수 있다.

빙의란 무엇입니까?

　빙의란 자기 몸에 자기 아닌 다른 영혼이 붙음을 의미한다. 사람이 빙의가 되면 자기의 본마음이 아닌 타 마음이 된다. 지금 세상의 사람들을 잘 관찰해 보면 자기 아닌 타의 영이 접하여 자기가 아닌, 다시 말하면 본의 아닌 짓을 하는 경우를 많이 본다. 이것이 빙의이다.

　죽은 사람의 영혼이 살아생전 못 이룬 자기의 소원을 자기 후손 내지는 타에게 붙어 그 뜻을 이루려고 하니, 영이 붙어 지금 살아가고 있는 사람은 고통이 이만저만이 아니다. 이로 인해 정신병자가 되고, 이것이 사람을 미치게도 만든다. 병원에서조차 원인을 모르는 병은 거의 다 빙의로 인해서 생긴 병이다. 이것의 치유법은 철없이 붙어 있는 영을 천도시킴이 최상이다. 그러면 병이 나아짐을 알 수 있다.

무당 같은 무속인들이 생기는 원인은 어디에 있습니까?

　무속인은 타 영체로부터 침범당할 때 되는 것이다.
　사람은 자기의 진아(眞我)와 합일(合一)하면 아무런 이상이 없으나 타 영체가 몸에 거하면 불편하기 이를 데 없다. 그 무당에게 들어오는 영체는 자기의 한을 푸는 것도 있고, 자기의 뜻을 이루고자 하는 것도 있다. 따라서 사람이 매개체이고 타 영의 지배를 당하여 노예가 된다. 이것이 무당이다.
　영이 사람에게 영입되는 것은 마음이 허할 때 일어난다. 즉, 마음이 기본을 잃을 때 타 영이 침입하는데 이것을 빙의라고 일컫는다. 사람은 원래 만들어질 때 그 본체의 마음이 조상을 닮으니 조상에 의하여 많은 영향을 받게 된다. 그래서 깨닫지 못한 영이 그의 뜻을 이루고자 부모인 윗대에서 함께 하다가 윗대가 쓸모없어졌을 때 자식인 아랫대로 넘어가는데 이를 세습무라고 한다.
　무당의 예언은 무당 그 자체가 함이 아니고 타 영(靈)에 의하여 자기가 예언함이다. 원래 마음에는 과거, 현재, 미래가 없기 때문에 마음체가 그림과 같이 떠서 그것을 예언할 수 있다. 그 예언은 적중하기도 하나 적중 안 되는 경우도 많다.

사람의 본능이란 무엇입니까?

　사람의 본능이란 자기 자신에게 내재되어 있는 본래의 마음이다. 이 본래의 마음은 전지전능하니 사람이 태어나서 세상 사는 것을 이 마음이 주관한다.

　이 마음은 스스로 존재하는 것이므로 전지전능하다. 인간이면 인간인 자체가 완전함이니 인간으로서는 완전함이다. 그러니 인간에게 이렇다 저렇다를 가르쳐주지 않아도 인간으로서 먹고살고 자식을 낳고 산다. 즉, 본능이란 배움이 아니고 저절로 할 수 있는 본래의 갖추어진 능력을 의미한다.

인생을 비관적으로 보는 것과 낙관적으로 보는 것과의 차이는
무엇입니까?

　　인생을 낙관적으로 볼 때는 희망이 있을 때이고 비관적으로 볼 때
는 희망이 없을 때를 이야기한다.
　　희망은 무엇을 바라는 것인데 그 성취가 가능하게 보이면 낙관적
이나, 아닐 때는 비관적이다. 이것은 마음으로부터 일어나는 것이므
로 사람도 낙관적인 사람이 성공한다. 그 이유는 된다는 신념이 그를
성공으로 몰고 가기에 뜻을 이룰 수 있는 것이다. 어쨌든 비관도 낙관
도 인간마음이 하는 잔유물이다.

사람에게 행운과 재수, 운수라는 말이 많은데 이것은 우연입니까, 아니면 미리 정해져 있어서 복권에 당첨되기도 합니까?

그것은 이렇다. 사람이 살아가다가 자기가 생각지도 않은 운이 오면 행운이라고 한다. 이 행운은 행복한 운이라는 뜻인데 이 행운은 걱정이 없고 기쁨을 주는 것이다. 이 기쁨은 막연하게 온 것이 아니라 인연에 의하여 온다.

인연이란 이유가 있는 연을 따라온다는 뜻이다. 복권 당첨 이유는 복권을 산 데 있고, 그 복권을 샀기 때문에 행운이 이어지게 된 것이다. 이것은 미리 정해져 있는 복이다. 왜냐하면 우연은 필연이고 필연은 당연인데, 당연은 정해진 것이기 때문이다.

인간이 자연을 보고 배워야 할 점은 무엇입니까?

　사람이 자연이고 자연이 사람이고 만상이 사람이고 사람이 만상인데, 사람이 눈이 어두워 자기에게 보이는 것만 보고 사니 이것저것이 있는 것이다. 굳이 인간이 물을 보고 배울 점은, 물은 순리로 있고 억지부리지 않고 있는 대로이니 이 물에서는 순리를 배워야 한다. 모든 자연도 그대로이나 사람만 유난히 형체와 모양을 갖고 부수고 또 망념을 하여 자기를 만드니, 이 말이 없고 그대로 묵묵하게 순응하는 자연을 사람이 배워야 한다.

　세상 모든 일체가 하나이다. 형체가 있으니 인간이 이것이다 저것이다 이름 짓고, 또 그 움직임을 판단하려고 하나 모두가 하나임을 알아야 한다.

기(氣)란 무엇입니까?

기란 우주 전체의 힘을 말한다. 우리가 생물, 무생물, 또 허공으로 분리를 하나 생성된 모든 것이 그 기(氣)로 유지되고 있다. 땅이든 허공이든 사람이든 짐승이든 생물이든 모두 기로 형성되어 있다.

기는 본래 정상적으로 우주만물에 흐르고 움직이나 모든 생물, 무생물은 자기 마음이 있어 기혈이 막히게 된다. 천지만상이 기고 허공 일체가 기이다. 그 기로 만상이 존립하니 기는 완전함이다.

닭이 먼저입니까, 달걀이 먼저입니까?

닭이 먼저다. 진리와 도(道)에서 보면 이 지구상의 모든 실상은 원래 완전한 모습에서 시작됨이 원칙이다. 왜냐하면 자연과 동식물은 완전함이 있어야 번식을 하니, 닭이면 닭으로서의 완전함을 의미한다. 이 닭이 있어서 알을 낳은 것이지, 알이 닭을 낳은 것은 아니다.

닭은 완전한 곳에서 왔다. 완전한 곳이란 일체가 없는 자리, 일체가 끊어진 자리, 즉 우주 전체이다. 여기서는 못할 것이 없고, 되지 않는 것이 없다. 천지만상이 여기에서 나왔다.

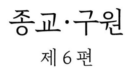

종교·구원
제 6 편

사람에겐 원래 죄업이 없다.

생존을 위하여 살다 보니 죄업이 있지 내가 없으면 죄업이 없다.

내가 없다는 말은 일체의 나로부터 구속당하지 않고, 본래의 나인 진아를 찾는 것이다.

나는 살고 있되 삶에 있지 않고, 생활하되 생활에 있지 않으니 원죄가 없는 것이다.

종교란 무엇입니까?

　종교란 가르침을 따르는 것이다. 이 종교가 사람에게 정신적으로 끼친 영향은 엄청나다. 그 종교로 인한 도움도 많지만, 진리의 눈이 어두우니 너의 종교 나의 종교가 있었고, 이로 인해 종교 전쟁 등 잃는 것이 큰 경우도 많았다.

　종교는 무조건 따름인데, 사실상 무조건 따름이란 아무런 의미가 없다. 따르더라도 진리를 익히고 찾고 행해야지 종교에 진리가 없으면 안 된다.

　참 진리는 뒷전으로 하고, 진리 아닌 기적에 사람이 얽매여 있다면 이것은 잘못이다. 진리는 기적에 있지 않고 이적에도 있지 않다. 순리가 진리이다.

　진실이 아닌 것은 다 허이다. 아무튼 신의 존재를 말하는 종교가 인간 삶에 직접적인 도움을 주기는 했으나 참 진리가 거기에 있지 않고 책이나 경전에서도 찾을 수 없다. 하늘은 세태의 변천에 따라 여러 성인을 냈지만, 그들의 행적에는 미화된 이적과 기적도 있어 실제보다 더 영웅시되었다. 심안을 뜬 이가 없기에 성인의 말과 행적에 대한 해석도 천차만별이다. 심안이란 마음의 눈이므로 그 마음의 눈이 없으면 진리의 해석이 제각기 달라지게 되고 해석이 진리 아닌 경우가 많아서 종파가 생기는 원인이 되었다.

　진리가 같은데도 서로가 같음을 모르니 싸움이나 하는 선천의 종교는 막힘이 많았다. 그러나 이제는 모두가 하나이므로 세계가 하나로 이웃이 하나로 서로 막힘이 없도록 대도(大道)로 틔워 놓았으니, 종교는 앞으로 통일되고 세상은 평정되고 사람들은 누구나 같게 살아가니 모두 다 구원받게 된다.

한국에서 각종 종교가 번성하는 이유는 무엇입니까?

한국이라 함은 큰 나라를 의미한다. 한국은 세계의 종교가 영입되어 번성하기에 가장 좋은 나라이다. 왜냐하면 한국은 외국의 침략에 의해 불안한 정세가 그칠 날이 없었기 때문이다. 이로 인해 죽어서라도 좋은 곳에 간다는 종교를 싫어하는 사람이 없고, 영원히 산다는 종교도 싫어하는 사람이 없어 많은 사람이 종교를 믿게 되었다. 더구나 우리보다 힘세고 부자인 나라의 종교가 전파되어 들어오니 무엇이든지 우리보다 낫고 옳다고 믿어 마구 받아들인 것이 지금처럼 번성하게 된 주요인이다.

여기에다 갖가지 종교가 더욱 갈라져 불완전은 더욱 불완전을 낳으니, 종교는 진리보다 개인의 생각에 의해 뻗어가게 되었다.

사람은 진리를 모르기에 옳고 그름을 모른다. 그러기에 인간 생각에 맞춘 사이비 종교가 판을 치는 세상이 되었다. 이런 종교가 더 번성하고 사이비가 더 요란스럽다. 진리는 떠드는 데 있지 않다. 진리는 외형에 있지 않다. 진리는 어떤 특정 인물이 아니다.

수많은 우리나라의 전통 민속과 민간 신앙이 서양 종교에 의해 배척당해 없어지고 미신이라는 이유로 금지되고 있는데, 신앙과 전통을 살려서 계승하거나 없애고 고쳐야 할 기준은 어디에 두어야 합니까?

우리의 민간 신앙도 서양 종교와 다를 바가 없는데, 체계화된 경(經)이 없었고 나라의 힘도 없어 무시당하게 되었다. 아기를 낳으면 삼신할머니께 빌고, 물을 떠놓고 하느님께 갖가지 소원을 빌던 것은 하나의 민간신으로써 다른 종교와 다를 바가 없는데도 사람들은 그 진리를 몰라 외국 종교에 빠지게 되었다. 나라에서도 먹고살기가 힘들고 신을 잘못 섬김으로 폐해가 심각해지니 미신이라 하여 멸시하고 가능한 없애려 한 것이다. 그러나 우리 민간 신앙에서 일어난 기적과 이변보다 기독교, 불교 등 다른 종교에서 더욱 큰 기적과 이변이 일어난 경우는 없었다.

하나님은 우주 본체인 한 분밖에 존재하지 않는데도, 여기저기에서 종교마다 이름을 달리하여 섬기니 그런 일이 생긴 것이다. 모든 종교는 하나이다. 또 신도 없다. 앞으로는 땅에서 이루어진 만큼 역으로 하늘에서도 이루어진다. 각 종교는 지금까지 미완성이었고 하나가 되지 못했다.

어떤 다른 종교보다 우리 민족 고유의 천인지 합일사상이 최고로 높은 경지였으나 이를 몰라 무시하고 남의 것을 받아들여 숭상한 것은 잘못이다.

하늘과 사람과 땅은 일체이다. 이것은 만고의 진리이고 이것밖에 다른 진리란 없다. 그런데 이 진리를 모르고 밖에서 한 단계 낮은 종교를 끌고 와서 믿었으니 잘못되어도 한참 잘못되었다.

　이제는 이 천인지 합일사상을 다시 찾았다. 하지만 단군시대처럼 하늘에서 찾고 빌던 선천은 지나고, 이제는 천인지 중 사람이 으뜸인 인존시대이다. 그 단군사상을 그대로 계승한 것은 아니나 진리는 변함이 없으므로 세월 속에 묻힌 한을 이제 풀 수 있게 됐다. 천인지를 합일시키고 하늘과 땅을 마음대로 하는 전지전능한 대도(大道)가 이곳에서 나왔기 때문이다.

사이비 종교란 무엇입니까?

　사이비란 진짜와 유사하나 진짜가 아닌 것이다.

　사이비가 판을 치는 이유는 사람이 참을 모르니 쉽게 속기 때문이다. 참과 진리는 만고불변이며 하나밖에 없다. 그것이 무엇이냐 하면 마음이다. 이 마음을 각 종교에서는 하나님, 부처님, 알라로 이름을 다르게 부르나 모두가 같은 말이다. 사이비 종교는 다음과 같은 잘못을 저지른다.

　사이비는 사람을 신(神)으로 위협한다.
　사이비는 우상화를 시킨다.
　사이비는 그릇된 사상을 믿게 한다.
　사이비는 돈타령을 한다.
　사이비는 진리 교육을 자꾸 미룬다.
　사이비는 어떤 목적을 두나 이루어지지 않는다.
　사이비는 어떤 일정한 신을 믿게 한다.
　사이비는 참을 모르니 무조건 믿음만을 강조한다.
　사이비는 자기의 종교가 최고라 한다.
　사이비는 인생, 운명이 갑자기 달라진다고 이야기한다.
　사이비는 조금의 이적이나 능력으로 사람을 혼동시킨다.
　사이비는 안팎을 거창하게 꾸민다.

사이비는 참과 허의 구분이 없다.

사이비는 거짓으로 하며 결과가 없다.

사이비는 이 위의 조건에 모두 벗어나더라도 우주의 근원인 해인 (海印), 즉 우주의 진리를 갖지 않으면 무조건 사이비이다.

잘못된 종교로 인한 폐해와 부작용이 심각한 실정이며, 종교 건물은 호화롭게 지으면서도 어려운 사람을 위한 자선 사업은 뒷전으로 미루고 있습니다. 그 원인은 무엇입니까?

현재 잘못된 종교란 진리인 듯하나 진리가 없는 종교이다. 각 종교 서적을 보면 깨치지 못한 사람들이 쓴 것이어서 진리에 대한 표현이 잘못되어 오히려 사람들을 망치는 것이 너무나 많다. 진리는 책 속에 있지 않다. 경 속에도 없다. 있는 대로가 하느님 나라이고 부처님 나라이며 또 있는 대로가 자기인데, 진리를 밖에서 구하니 찾아지지 않는다. 그 하느님과 부처님은 자기 자신이다. 인간 스스로가 다 하느님인데 인간이 깨닫지를 못하여 자기가 하느님임을 모를 따름이다.

눈을 뜨고도 하느님을 보지 못하는 이유는 자기가 죽어 몸과 마음 일체가 없어야 하고 또 자기 영혼마저 죽어야 하느님을 볼 수가 있기에 그러하다. 하느님을 보고 또 하느님 나라에 가려고 종교를 믿으나 믿음만으로는 죽어도 가지 못한다.

종교들이 말세를 이용해 먹고살기 위한 수단으로 거창하게 치장을 하나 속이 없다. 말세가 되어도 그들이 바라는 구세주가 나타나지 않을 뿐 아니라 있다가도 없어진다. 그저 웅장하고 화려한 건물과 겉으로 과시함은 쓸데없는 경제 손실이요, 아무런 진리가 없으니 의미가 없다. 진리가 없으니 사람들을 돕는 마음과 손길이 있을 리 없고, 설사 돕는다 하더라도 인간마음을 가지고 하니 도움도 아니다. 참 진리는 빛이 나지 않으나 영원하다.

중세기에 인간의 영혼은 신에게 속하고 육체는 자연 물질에 속하므로, 육체적인 향락은 타락과 죄라고 여기면서 금욕주의가 생겨났습니다. 이로 인해 성직자들이 독신으로 살게 되었는데, 그 옳고 그른 점은 무엇입니까?

사람은 합하여 삶이 완전함인데 자기 혼자만 닦기 위하여 결혼을 하지 않으면 순리상 맞지 않다. 왜냐하면 진리 측에서 볼 때 사람은 남녀가 합해야 완전함이지 금욕을 하여 마음에 그 뿌리가 남아 있으면 결혼하는 것보다 훨씬 못하다. 또 결혼을 안 하는 것과 하는 것의 차이는 무엇이냐 하면, 금욕 생활을 하면 그 억제하는 마음이 있지만 금욕을 하지 않으면 그 마음이 없기 때문에 하늘에 더욱 쉽게 갈 수가 있다.

신이 인간을 만들 때 인간은 인간대로의 완전함인데, 그 인간을 인위적으로 신으로 만든다고 신이 되는 것은 아니다. 또 신이 되려면 일체의 자기의 마음이 없어야 한다. 더구나 사람이 신이고 신이 사람이니, 육체를 빼고 영혼만 신에 속하는 것은 아니다.

영혼이라 함은 인간이 가지고 있는 개인의 유체, 다시 말하면 자신의 마음인데, 죽어도 이 마음을 가지고 있으면 하느님 나라에 들지 못하고 단지 영의 세계인 천국에만 갈 수 있다. 천국이란 하늘나라인 하느님께 귀의하지 못해서 자기를 가진 영들이 모여 사는 세계에 지나지 않는다. 하지만 그 영을 없애면 완전한 하느님의 나라인 신의 세계에 갈 수 있다.

기독교가 고대의 철학을 누르고 정신적인 우위를 차지해 세계로 전파될 수 있었던 이유는 무엇이며, 기독교가 다른 종교를 통일하지 못하는 이유는 무엇입니까?

　기독교가 고대의 철학을 누르고 정신적인 우위를 차지해서 세계로 전파될 수 있었던 까닭은, 첫째는 구원 사상이 있기 때문이다. 둘째는 번성했던 서구의 문화 때문이다. 그러나 중세에 번창했던 유럽의 기독교가 이제 한계에 이른 것은 완전하지 못하기 때문이다.

　기독교를 받아들인 나라들은 그 우월한 문화로 인하여 받아들이고 있으나 어느 시기가 되면 더 이상 번성하지 못한다. 기독교 사상은 희생이고 사랑이었으나 인간이 실행하기 힘들고, 또 막힘이 많다. 완전하지 못하면 모든 것이 막히니 어떤 종교든 불완전 종교이다.

예수가 십자가에 못 박혀 죽은 이후로 십자가는 기독교의 상징
이 되었는데 십자가가 담고 있는 뜻은 무엇입니까?

　　이 십자가는 가로 세로가 끝이 없는 무극이다. 불교의 절의 표시도
무극을 의미한다.

성체와 성혈은 예수의 몸과 피가 변한 것입니까, 또 이것을 먹고 마시면 어떤 효과가 있습니까?

성체와 성혈이 예수라고 이야기한 것은 예수는 이미 자기가 없는 무의 상태, 다시 말하면 진리 측에 선 사람이므로 진리에서는 모든 것을 빵과 포도주에 국한시키지 않아도 성체와 성혈이 될 수 있다. 진리 측에 선 사람이기에 그 속에 모든 것이 있어서 영생과 동일함을 가르치신 것이다.

성체와 성혈은 빵과 포도주이나 그것을 예수의 몸과 피라고 믿고 깊은 신앙에서 먹고 마시면 이적으로도 화할 수가 있다. 이적은 자기의 마음이 없을 때 일어나는 것이므로 이는 예수와 하나가 되어 일어난다. 쉽게 풀이하면 사람이 하느님과 예수와 하나가 되려면 자기가 없으면 된다. 사람은 이것을 모르고 분리 지으나 이것은 하나이다.

믿음이 강하고 그 행동을 깊이 한 이는 자아의 형태에 따라 여러 가지 이적이 일어난다. 먹고 마시는 것은 아무나 다 먹고 마실 수는 있으나 사람에 따라서 결과는 다 다르다.

성서에서 말하는 아담과 이브의 원죄란 무엇입니까?

    사람이 사람으로 태어남이 곧 삶이요, 그 삶에 의하여 스스로 사람은 죄라는 것을 가지고 살아간다. 원래 나는 아무것도 없는 것인데 이죄와 업을 만들어 스스로 지고 다녀야 하니 이것이 원죄이다. 사람은 원래 죄업이 없으며 생존을 위하여 살다 보니 죄업이 있지 내가 없으면 죄업이 없다. 내가 없다는 말은 일체의 나로부터 구속당하지 않고, 본래의 나인 진아를 찾는 것이다. 나는 살고 있되 삶에 있지 않고, 생활하되 생활에 있지 않으니 원죄가 없는 것이다.

    따라서 사람이 원죄를 가지고 있다고 하는 것은 잘못이다. 그 삶이 죄이지 원래 죄가 있음은 아니다. 사람의 원래 근본은 선도 악도 아닌 없음이다. 사람이 생존과 존립을 위하여 행함이 죄라고 하나 이 죄마저도 없는 것인데, 깨닫지를 못하니 죄가 있다고 하는 것이다. 사람은 죄가 없다.

    사람은 그대로의 사람이고 만상은 그대로의 만상이지 거기에 더함도 덜함도 없고 죄도 업도 없다. 진리를 알면 이 일체로부터 완전 해탈케 된다.

성경은 어떤 내용을 담고 있습니까?

구약성경은 모세가 쓴 것인데 일종의 전설이다. 우리나라의 단군 이야기처럼 전해 오는 것을 글로 표기한 것인데, 설령 그 말뜻이 맞다고 하더라도 사람들은 그것을 풀이하기가 힘이 들고 하지를 못한다. 진리는 그대로 받아들여야 하는데 해석을 잘하지 못하면 영원한 진리의 미아가 된다.

성경의 신·구약은 모두 예언서로 보는 것이 좋다. 그 예언의 마지막 목적이 무엇이냐 하면 바로 구세주가 온다는 것이다. 이 구세주는 전지전능하신 완전한 분이시고, 세상 일체 만물을 다 없게 하여 하느님 나라로 갈 수 있게 하시는 분이다. 선천에는 모든 종교가 사람을 하느님 나라로 가게 하는 구원 종교가 아니고, 하느님 나라가 가까이 왔음을 이야기하고 그 완전함을 단지 기다려 온 종교들이다. 완전함은 영원히 완전함이어야 한다.

사람들이 악마나 마귀가 있을 것으로 생각하여 두려움을 갖는 경우가 많은데, 이러한 악마나 마귀가 실제로 존재합니까?

악마나 마귀란 없다. 마귀란 진리가 아닌 것을 가르치는 사람이 마귀이고, 또 철없는 영(靈)이 사람에게 거함이 마귀이다. 세상에서 제일 큰 잘못을 하는 자는 바로 사람의 마음을 미끼로 먹고살며 허위로 인도하는 사람이다. 진리가 아닌 것을 가르치며 행동하는 것은 사람의 마음(영혼)에 때만 묻히니 마귀와 다를 바가 없다.

또 사람들이 흔히 공포 영화에서 보고 이야기하는 드라큘라도 존재하지 않는다. 드라큘라가 있다면 드라큘라가 달리 있음이 아니라 사람이 정신이상이 된 것이지 별도로 생긴 것은 아니다.

마음이 허한 사람에게 나타난 유령을 악마라고 하기는 하나 사람이 마음으로 만든 것이지 실제로는 존재하지 않는다.

가톨릭의 고해 성사는 어떤 뜻을 가지고 있습니까?

　고해 성사는 자기 마음의 짐을 벗는 것이므로 상당히 일리가 있다. 그러나 그 고해 성사는 참이어야 하고, 또 그 고해 성사에 어떤 마음이 있어서는 안 된다. 어쨌든 참회나 회개 같은 효과가 고해 성사이다. 하지만 고해 성사를 굳이 이런 방법으로 하지 않아도 된다. 자기가 깊이 뉘우쳐 그 마음을 없애면 마찬가지이다.

가톨릭에서 기도 중에 "내 탓이오"를 외치며 반성, 회개하도록
하는 뜻은 무엇입니까?

'내 탓이오'란 말은 거짓 정치로 인해 민심이 아주 흉하여져 잘못이
정당화되는 세상이니, 남에게 책임을 돌리고 원망할 것이 아니라 나
의 탓으로 생겼다고 자책을 하자는 뜻이므로 인간세상에서 미덕이기
는 하나 이것은 잘못이다. 왜냐하면 내게 죄가 있다고 생각하고 또 내
탓이라 생각하면, 그것이 곧 원죄가 되는 것이다. 사람에게는 원래 죄
가 없는데 그 죄를 책임과 함께 씌움은 잘못된 일이다.

우리는 원래 죄도 업도 없다. 왜냐하면 우주의 실체에서 내가 왔으
므로 내가 없어져 그 실체로 가면 죄와 업이 없기 때문이다. 그런데도
나의 마음이 나의 죄와 업을 만들어 구속하고 있으니 죄와 업이 있는
것이다.

거짓으로 정치했던 사람들이 잘못을 시인하지 않는 폐단이 사람들
에게 널리 퍼져서 난무하니 바로 이를 지적해서 나온 것이다.

어쨌든 인간세상에서는 이것이 미덕이기는 하나 죄 없는 내게 무
조건 탓이 있다 함은 잘못이다.

참회와 회개를 가장 바르게 할 수 있는 방법은 무엇입니까?

사람이 회개와 참회를 통해 죄를 가장 빨리 사하여 없애는 방법은 첫째는 일체의 자기를 없애는 것이다. 둘째는 나의 개체를 없애는 것이다. 셋째는 회개와 참회를 진실로 하는 것이다. 넷째는 이 진실마저 마음에 일체 남지 않게 하는 것이다. 다섯째는 숨김이 없어야 한다. 여섯째는 순리에 의하여 마음에서 토해내어야 한다. 일곱째는 그 일체를 모두 마음으로부터 없어지도록 해야 한다. 이것이 진실된 참회이며 회개이다.

기독교에서는 신앙 고백과 간증을 통해 간절히 기도하라 하고, 절망에 빠져 있을 때는 예수님이 구원해 주시거나 앞일의 계시와 은혜를 베풀어 주신다고 하는데, 이것이 이루어지는 이치는 무엇입니까? 또 예수를 믿는 사람들 가운데 이런 경험이나 기적이 있는 경우가 있으므로 종교를 갖지 않는 것보다는 갖는 것이 낫지 않습니까?

사람이 계시와 은혜를 받는 것은 신에 의한 것이 아니라 바로 자기의 본자아 발견이다. 이 자아 발견은 내가 일체 없는 가운데 이루어지는 것으로, 이 자아가 신앙 고백과 간증을 간절히 하면 나타나는 경우가 있는데 이것이 바로 본아(本我)이다.

본아는 전지전능하며 과거, 현재, 미래가 없으므로 모르는 것이 없다. 이것을 우리는 진리를 모르니 나름대로 예수님이나 신의 계시라 이야기한다. 일체의 내가 존재하지 않으면 하느님을 볼 수 있다. 그 하느님은 바로 자기 자신이다. 즉 계시는 자아와 일체로 화할 때 일어나는 것이므로 꼭 진리가 아니더라도 자기의 희망, 사랑이라든지 자기의 포부, 기복에 의해서도 일어난다. 이것을 사람들은 은혜라고도 한다. 미완성 사회에서는 종교가 필요했으나 자아 발견이 곧 완성이니, 이제는 종교를 무작정 믿기보다는 자아 발견을 할 때이다. 그러면 모든 진리를 알고 일체의 막힘이 없고 궁금한 것 없이 구름 걷히듯 알게 된다. 기복 종교와 맹종 종교는 진리가 아니다. 누구나 하느님, 부처님이 될 수 있는데 자기 마음에 가려 모르고 있을 뿐이다. 인간은 누구나 바로 존귀한 하느님, 부처님이다.

예수 탄생 2천년이 되는 1996년에 구세주가 재림한다는 예언의 진위는 무엇입니까?

　예수님이 탄생하신 지 2천년 만에 재림 구세주가 오신다는 기독교 측의 이야기는 맞다. 구세주는 구세주이어야 한다. 구세주란 하느님 나라를 알아야 하고, 하느님 나라에 사람과 천지만상을 다 인도할 줄 알아야 구세주라 할 수 있다. 그러므로 이때까지의 모든 성인은 구세주가 아니다.

　사람들이 진리를 몰라 만상과 인간이 누구나 하느님이라 하면 펄쩍 뛰는데, 하느님 나라가 다른 곳에 있는 것이 아니다. 사람은 원래가 우주였다가 사람이 되었는데도 자기 마음이 있어 그 자기가 중심이 되니 본자기인 우주를 모르고 살아가고 있을 뿐이다. 자기 생각만으로 하느님 나라가 다른 곳에 존립해 있다고 믿기에 그런 것이다.

　사람의 삶 자체가 허상인데도 인간마음이 그 집착을 놓지 못하여 지금까지는 죽어서도 영혼이 남아 고생을 해왔다. 이제는 일체 자기가 없게 하여 완전한 하느님 나라로 들어가도록 하는 것이 순리이기에, 지상에서 도(道)를 깨쳐서 일체 자기가 없이 하늘 일을 한 사람은 그대로 하늘에서도 신으로 영생케 한다. 이것이 구세주가 만든 새 하늘이다. 또 하늘 일을 하는 사람은 땅에서도 그대로 같이 하고 있으니 새 땅이다. 구세주가 나온 뜻은 하늘을 하나로 만들고 땅과 사람도 하나로 만들어, 살아서도 하느님 나라에 살고 죽어서도 하느님 나라에 살도록 하는 것이다.

말세 이전에 환난의 시기가 있다고 하는데 지금이 바로 그 시기입니까?

말세는 항시 있는 것이다. 그 말세의 기준을 어디에 두느냐가 문제인데 본래는 말세도 없고 환난도 없다. 지금은 그 시기도 아니다. 단지 말세라 함은 지구의 정역 시에 천체들의 크로스 현상에 의하여 세계가 대혼란이 생기는 것을 말한다. 이때에는 사람들이 손을 쓸 수도 없고 하니 그냥 있어야 한다. 시기를 가르쳐주어도 믿지 않는 사람이 많은 것은 그만큼 사람이 많이 속고 살았고, 또 불행을 생각조차 하지 않으려는 데 그 이유가 있다.

결실 종교의 뜻은 무엇입니까?

결실이라고 하면 열매 맺음을 이야기한다. 원래 열매에서 시작하였으므로 열매로 되돌아감을 이야기한다. 열매는 열매가 되어야 하는데, 열매가 아닌데도 열매 역할을 하려고 하는 것은 거짓이다. 사람이 온 곳이 무(無)의 화기(和氣)이므로 무의 화기로 되돌아감이 정상인데, 사람들은 자기를 만들어 죽어도 자기가 영혼의 세계에서 존립하도록 했으니 이것은 진리가 아니다.

결실이라 함은 완전함이기에 그 완전함은 변함이 없고 걸림이 없고 순수하고 가짐이 없는 것인데, 죽은 뒤 천국이나 극락을 간다는 것은 오히려 고행의 길이지 완전함이 아니다. 종교에서 말하는 이 하느님, 부처님 나라는 우리가 온 곳이므로 갈 때도 여기에 가야 하는데 그렇지 못하고 죽어서도 인간마음을 가지고 마음세계에서 헤매면서 바로 가지 못했다.

이 하느님 나라는 천인지가 하나여야 하는데, 하늘·사람·땅이 각각이면 완전함이 아니다. 일체가 하나가 되어야 완전함이니, 이것을 할 자가 없어 마침내 하늘이 직접 구세주로 내려와 이루게 되었다. 즉, 하늘의 신을 다 통일시키고 하늘의 모든 허(천국, 극락)는 없애서 하나로 만들고, 사람의 마음도 모두 열반시켜 죽으면 곧바로 하느님 나라로 가게 했다. 땅의 신도 다 없어지면 바로 하느님 나라로 가게 하여 모두가 하나가 되게 하였다.

마침내 천인지 합일을 이루었기 때문에, 이제 사람들이 도(道)를 깨치면 살아서도 하느님 나라에 살고 죽어서도 하느님 나라에 누구나 살도록 하였다. 나아가 사람이 땅에서 한 것만큼 하늘에서도 그대로 이루어지게 하여 신으로 하느님 나라에 다시 부활되도록 했다. 이것이 새 천국이다. 이것이 열매를 맺는 결실 종교이고, 이 결실은 영원 무궁한 진리이다.

인간을 구하는 하늘의 뜻은 무엇입니까?

인간을 구원하려는 하늘의 뜻은 인간이 모두 하늘이 되어 하나가 되도록 하는 것이다. 사람이 하늘마음을 가지고도 그 하늘마음이 아닌 사람의 마음에 국한되어 사니 하늘과 하나가 되지 못하고 있다. 그 마음은 인간 욕심의 마음이다. 그러나 인간이 세상에서 으뜸이요, 인간이 세상에서 최고이니 인간이 인간답게 살도록 함이 하늘의 뜻이요, 그 인간으로 하여금 영생토록 함이 하늘의 뜻이다.

하늘은 사람을 낼 때 부족함이 없이 일체를 다 갖게 하고 내었으나 인간은 스스로의 욕심에 의해 하늘과 함께 하지 못하고 있다.

따라서 인간이 그 고통과 짐을 스스로 지고 벗지 못하니 하늘이 사람으로 하여금 짐을 벗게 하려는 것이다. 하늘은 인간이 스스로 죄를 짓고 구원의 길에 들어서지 못하는 것을 가슴 아파한다.

사람들의 머리에는 아는 것이 없어 참과 허를 구분하지 못하고 부질없는 자기의 아상(我相)에 묶여 있다. 사람은 그 틀을 깨야 참의 길에 들어설 수 있다. 참과 허는 구분하기가 힘이 드나, 참은 일체의 아상(我相)이 없음이 참이다.

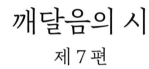

깨달음의 시
제 7 편

있음과 없음이 그냥 하나라

서시(序詩)

천지가 다시 나고
천지가 사는 것이

새 하늘 새 땅이라
말만 듣던 새 하늘 새 땅은

사람의 마음인 마음을 바꾸어 먹는
자리에 있는 것이라

일체가 하나인 하나님 자체가 된 자가
그 마음이 하나라
새 하늘 새 땅이라

일체가 하나인 하나님은
진리라 사는 것이라

진리가 하나이고
진리가 사람이 진리일 때
일체가 사는 것이라
진리나라도 나 속에, 하나님도 나 속에 있는 자가
사는 것이라

원래가 진리 된 자가
원래가 진리 자체로 사는 것이라
하나는 완전하게 사는 것이라
하나는 진리라 영생불멸이라
인간이 사는 것도
진리라 사는 것이라

인간은 하나라 사는 것이라
일체가 그냥 사는 것이라

마음 이전에 하나님 부처님이
탄생한 것이라

일체는 그 자리에 있고
일체는 그대로 있어
그 자체가 하나인 진리의
형체라 사는 것이라

있음과 없음이
그냥 하나라

그냥 하나라는 것은
일체가 하나 자체라는 뜻이라
나가 죽어 다시 나고
일체는 전체인 나 속에

하나로 진리로 다시 날 때 사는 것이라
일체는 나란 존재가 다 죽은 자리라
일체는 하나라서 다 사는 것이라

하나만이 진리가 된 것이라
하나의 부처님으로 간 것이 진리가 된 것이라

일체가 하나인 진리 자체라
하나로 하나가 된 자가 아는 것이라

그 마음이 하나로 되돌아간 자만이
하나의 참뜻을 알고 하나인 참의 진리가 된 것이라

마음 이전에 자기가 죽고
신과 하나가 된 자가 다 가지고
다 알고 전지전능자라

나 속에 참 부처님을 통하지 않고는
천국 날 수 없고 천국 갈 수가 없고
영생할 수 없고 영생이 진리가 아니라
없는 것이라

하나만이 참이고
하나만이 살릴 수 있고
하나만이 참으로 살리고

하나만이 부활될 수 있고
하나가 사람이 하나인
진리로 나타날 때
하나라 살릴 수 있고
하나를 통하지 않고는
아무도 갈 수가 없는 것이라

천지가 내 안에
내가 천지 안에
있는 것도 사람이 천지로 되돌아가서
원래에 존재하는 부처님이 될 때
하나 자체라 살릴 수 있는 것이라
사람의 뜻에 천지가 살고
사람의 뜻에 사람이 살고
사람이라야 천인지를
살릴 수 있는 것이라
사람의 뜻에 천인지가 사는 것이라
일체는 그것인 하나인 진리가
사람일 때 천극락과 일체가 있는 것이라

나처럼 나로 살고
모두가 하나 되게

모두가 천국에 나서
하나로 사는 나라라

하나로 사는 곳이 이 땅 저 땅이 아니라
사람의 눈에는 천극락이
보이지 않는 것이라

만물이 사는 곳이 나의 완전한
의식 안에서 다시 나서 사는 것이라

나가 죽어 다시 나고
나가 죽어 진리 되어라

일체가 완전한 하나님 나라에
일체가 사는 때가 지금 때라

사는 삶

사는 삶이 무엇이냐 물으신다면
그 사는 삶에는 참 없다고 말하여 주지요

사는 삶이 참이라고 우기는 자 있다고 하면
당신의 짐 무겁다 이야기하고

사는 삶이 재미있다 이야기하면
꿈속에서 재미있는 꿈꾼다 이야기하고

사는 삶이 고달프다 이야기하면
부질없는 욕심을 놓으라 하고

사는 삶이 허망하다 이야기하면
삶도 죽음도 없다고 이야기하고

사는 삶이 잘못이다 이야기하면
삶에 집착과 욕심이 있다 이야기하고

사는 삶이 향기롭다 이야기하면
당신은 참의 세상 가까이 왔다 하고
사는 삶이 두렵다 이야기하면

당신은 잘살고 있다 말하여 주지요

사는 삶이 고통이다 이야기하면
너를 없애 버리라 이야기하고

사는 삶이 행복하다 이야기하면
한낱의 물거품일 뿐이라 이야기하고

사는 삶에 잘사는 방법 물어온다면
내가 전혀 없이 사는 삶이라 이야기하고

참 사는 삶이 무엇이냐 물어온다면
사는 삶이 참이고 참이 사는 삶이다 이야기하고

사는 삶을 참 삶에 가게 해달라고 하면
그 열쇠는 내가 가지고 있다고 이야기하지요

요람기

자식새끼 못 먹이고
굶은 배를 움켜잡고
한숨 쉬며 자식 먹여 살리는 걱정에
밤잠 못 이루던 이
우리의 엄마들이셨지

잠자다가 엄마 품에서
오줌 싸는 자식놈을
꾸중하지 않고 밤새 떨다
아침에 부엌에 밥하며 옷 말리던 이
우리의 엄마들이셨지

들일 바빠 어린아이 배가 고파
울다 지쳐도 먼 들에 가서 모르고 있다
병이 들어 죽으면 부모 가슴 한과 멍
남기고 산천에 묻었지

나의 어린 시절은 무명옷 입고도
옷이 있으니 원시인 아니지
원시생활 못잖은 어려움이 있던 시절
일본의 식민지로 헐벗은 뒤

연이어 전쟁이 일어나니
전쟁 중에 태어나서
가난하기 그지없었고
가난하나 그 시절 집집마다 육, 칠, 팔, 구 남매
소작농은 모두가 그러했지
산천에 나무하러 가면
널려 있는 것이 사람의 해골과 뼈와 총알이었지

부모들은 들판으로 젖먹이 아이 방에 두고 들일을 가 버리면
울고 울고 배가 고파 닭똥도 주워 먹고 자기 똥도 먹었지

지쳐서 자는 곳은 땅바닥인 마당이고
시골 봉당 높아서
방에서 봉당으로 굴러 떨어지고
봉당에서 마당으로 굴러 떨어져도
하늘이 돌봐선지 다치지는 않았지

하루 종일 일하다 엄마가 집에 와 젖먹이면
도랑물이 콸콸 목으로 넘어가는 소리
두 눈망울 행복에 찬 눈으로
흙투성이 얼룩진 얼굴은
엄마 젖을 만지며 눈물이 걷혔네

사람들이 늙으면 노망병이라는 것은
많이 굶어서 늙어 의식이 없음이지

250

노망으로 죽는 이도 많았지
병에 걸려도 돈이 아까워
돈이 없어 병원에 못 가고
천장 쳐다보다 죽은 이도 있었지

나 어릴 때 친구들은
곰보가 유난히 많았지
가난하고 하늘 믿다
우리 집의 형들도 곰보 병으로 저세상으로 갔지

사람들의 이야기에 우리 엄마 미쳐 다니고
땅을 치고 통곡했었다고 그러지
형들 먼저 간 뒤 귀한 집의 아들로
나는 세상에 나왔지

우리 동네는 이름이 천하면 잘 크고 안 죽는다고 해서
'가지(강아지)'란 이름이 나의 어릴 때 이름이었지
우리 동네는 '가지' 이름이 많았지
아이들의 놀림으로 나는 그 '가지'가
제일 듣기 싫었지
대여섯 살 때부터 소 먹이고 소풀도 하였지
소 먹이고 집에 올 땐
소풀을 한 다래끼 뜯어 소죽도 끓여 줬지

내가 국민학교 저학년 때 학교 못 간

내 누이가 학교의 뒷산에서 그림 그리는 나를
'가지야' 하고 불러서
집에 와서 내 누이를 때렸었지
국민학교 1학년 때 조성지에 소풍 갔었지
가는 길이 20리여서
엄마가 막내 동생 업고 마중 나와서
먼 곳에 소풍을 갔다 오는 나를 안아서
집에 왔었지

우리 엄마 이제 내년이면 여든이지
우리 엄마 내가 귀한 집 자식이라고
국민학교 3학년 때 앉은뱅이 책상을 하나 사 주셨지
나는 그 책상이 하도 좋아
그 책상에서 공부를 하곤 했었지

3학년 때 사연도 많았지
우리 큰누나 시집가고 큰 손으로 다녀오신 후
우리 아버지 이북 나남서 역전에서 일하시다
나무에 깔려 병으로 고생하시다
병이 재발해 돌아가셨지
아버지 친구 분들이 나를 붙들고
울고 울고 많이 울었지

아버님이 저세상 가시고
어린 시절 장남으로 행세해야 했지

엄마는 내 몸에 맞게 지게를
하나 맞춰 주셨지

그 지게로 학교 갔다 오면
나는 들일과 산나무를 열심히도 하였지
그 당시 3년상, 아버지 빈소에서
초하루와 보름에는 곡을 하고
1년에 한 번씩 돼지 잡고 제사를 지냈지

동네 아이들 운동장에 뛰어 노는 것이 한없이 부러웠지
나는 신발이 닳을까봐
산이고 들이고 신발을 벗고 다녔지

세 누님들 모두 시집가고
3년 제사에 가세가 기울었지
가슴 아프고 애절한 사연 안고
나는 나는 성장했지

그 시절 가난한 시골 생활하던 사람들이
지금은 객지로 모두 나갔지
객지 나와 기반 없이 맨몸으로 나와서 고생도 많이 했지
그들이 지금은 세상의 주역이지

청산(靑山)

사람이 적게 사는 시절의
산은 어디나 청산이었지

사람들이 이야기하는 청산은
푸른 산을 이야기하나

진리의 청산은 그런 것이 아닌
청산이나 민둥산이나 같음이건만

청산이란 이름은 사람이 만들고
깨친 이 청산은 없음으로 이야기하나

마음의 청산은 맑고 맑아 없음인데
그 청산 사람 눈에 보이지 않으니

사람들이 청산을 언제 찾을까

화전민

산전을 만들어 살아가는 사람은
험하고 깊은 산 찾아서 헤매었네
몇 년 연이어 농사짓고
그 농사 땅 힘 빠져 곡식이 안 되면
아버지는 혼자 몇 달을 두고
산천을 개간하여 놓고는
식구들을 데리고 가서 새 땅에서 농사짓고
새로운 움막에 한 가족이 살지

곡식을 먹으러 산돼지, 노루, 꿩들이 오고
짐승과 함께 산속서 살아가지
산돼지잡이는 널빤지에 돌을 큰 것 얹고
거기에 곡식 넣고 받침대를 건드려
그것이 넘어지면 산돼지 압사하고
산간에서 고기 구경도 못하다
몇 날 며칠 달아놓고
고기를 먹지

정 있는 동네는 오 리 십 리 밖이고
아이들 학교 갔다 돌아오는 길은
조그만 산간길을 부리나케 걷지

심은 것은 감자, 고구마, 옥수수
그들의 주식이지
산속에 나오는 나물을 뜯어먹고
사는 사람들이니 바라는 것 없고
기대가 없으니 천진한 사람들
순수한 마음 안고 자연과 함께 살지
가진 것 없으니
바랄 것 없고
그저 하늘 보고 땅만 보고 살지
욕심이 있다면 비올 때는 하늘에
비 와주길 바람이 있을 뿐이지

그러나 그 삶에 정이 떨어져
그 생활을 하다가 객지에 나온 사람
배운 것이 없고 몸 때우며 일하는
불행한 사람들이 옛정을 그리며
도시의 무대에서 정 없음 탓하구나
인간들이 너나없이 정 있음을 그러나
사람은 정을 이용하니 정이 일체 없지

개간한 산천이
모두 모두 묻혀 가고
언덕 넘어 계곡 건너
따라가며 지은 집이
이제는 모두 모두

살지 않는 집들이고
사람이 떠난 지
몇 년이 지났는지
잡초만 무성하고
산을 보고 살던 사람
모두 모두 객지로 나가고
모두 모두 돈벌이 갔네
그 사람들 때 묻고
정 잃어감이 아쉽네

출가

이놈아 너만 부처되어 무엇하나
부모님 처자식 모두 버리고
한 맺힌 노모의 손 뿌리치고
말없이 눈물만 흘리는 아낙네
가는 이도 떠나건만
마음의 짐이 되어 가슴에 죄 안고
어딘지 모르게 떠나가던 시절

서로의 연으로 사립문 소리에
행여나 오지 않았나 기다리며
살던 집에는 세월이 감과 동시에
모든 게 하나 둘씩 달라져 가는데
공부를 하여 첩첩산중에서
깨달았다 하여도
앎이 없고 중생 구제도
못하고 간 고승들

완전 세상에는
부부 생활하면서
가정 이루고 도를 득해야
중생 구제하지

이제는 모두 모두 산에서 나와
사람으로 가지고 싶었던 가정 가지고
그 고행 그렇게 하지 않아도
저절로 도가 되는 세월이니
모두 모두 동참하세

추억

바람이 부는 언덕에 누워
지나간 추억 생각하며
눈물 짓구나
한숨도 짓구나
왜냐고 묻는 이 없고
나만 남아 하늘의 뭉게구름
두둥실 떠가고
하늘 쳐다보며
무엇인가 잡힐 듯 잡히지 않는 것을
찾아가고파 하구나

덧없이 가슴만 아팠던 인생을
뒤돌아보면서
아쉬운 한숨만 쉬고 있구나
인생은 하나의 부평초라고는 알지만
인생이 이대로는 너무나 너무나
안타까워라
아는 것이 없으니 흘러간 지난날
한 것도 없고 정든 이들 흩어지니
눈물만 나누나

하늘에는 모든 것이 있고 없고
하늘에는 있는 모든 것이 그대로이나
사람이 저 하늘 너머
또 저 하늘 너머
무엇이 있으리라 생각하고
살아가고 있구나
인생은 모든 것이 다 허사이고
인생은 모든 것이 다 꿈이어라
자연과의 이야기는 탄식해도
말이 없고 떠나서 다시 인간에 얽매인
삶만 살던 시절이 멀리 멀리 꿈속이어라

엄마야 누나야

엄마야 누나야 나의 말 들어봐라
세상을 살다가 이런 일이 어디 있나
철없이 세상 살며 아는 것 아무것도 없는 내가
하늘일 맡아 한데이

나는 악하지도 선하지도 않고
나의 운명은
항시 남이 하지 않는 어려운 삶이었지
하늘의 뜻이니 그대로 순응하며
나는 살아간데이
내 팔자 이것이다

아쉬운 한숨을 두고 도 닦는다 떠났던 이
모두 나와 같이 출가하는 마음
세상과 이별하고
하늘세상 그 세상에 나는 살면서
그 세상 가르치려
나는 출가한데이
나는 출가한데이

미련도 아쉬움도 아무것도 없지만

괜히 사람 마음
하늘 사람되어
인간 습성 버리고 하늘사람 되니
기쁨인지 슬픔인지 모르고
저절로 눈물이 난데이

나는 나는 나의 나라
엄마야 누나야
어린 내 마음의 내가
하늘의 집도 짓고
새 하늘의 주인되어 있데이
왕으로 있데이
엄마야 누나야

인간 나이 초늙은이
그래도 엄마야 누나야
찾는 이 마음은 어린아이 같데이
왜 이리 내가 어린애 같은지
세상에 하소연할 이 아무도 없고
그래도 내 마음 엄마 누나한테
내 마음 전하는 수밖에 없데이

인생은 유수라
엄마 늙고 누나도 늙었는데
나의 하소연은 그것이 나의 어릴 때 마음이니

엄마 누나는 다 들어주었으니
어디 말할 데 기댈 데 없데이

나는 중생 구제 빌어먹더라도
나는 해야 한데이
무슨 일이 있어도
나는 해야 한데이
어떤 고난 닥쳐도
나는 해야 한데이

엄마야 누나야 걱정을 말아라
모든 사람에게
내가 왕된 것 이야기하면 되고
그곳에 내 백성으로 만들면 되는 일이데이
이 얼마나 기쁜 일이고
이 얼마나 영광된 일이냐

그런데 엄마야 누나야
나도 뒤돌아보니
인간 살며 저질러 놓은 처자식 새끼가
이 일을 하여도 먹고살는지 걱정이 된데이
그것 이외에는 나는 아무런 걱정도 없데이

사람이 살아가다
우연 기회에 그저 남보다 열심히 진리 찾아다니다가

깨닫고 보니 하늘 소식 전하는
사람이 나인 것을 나는 모르고 살며
세상 사람처럼 아웅다웅
내 몸을 바쳐 일하고 살았데이

그런데 이제는 그것 뒤로하고
나는 나는 하늘의 일만 하나
인간세상 살 때처럼
모든 정성 바쳐
일할끼데이

언제나 동시처럼
엄마야 누나야 함께 사는 것이
나의 소원인데
나는 내 마음인데
엄마도 누나도 처자식 일체 떠난
공인(公人)으로 일한데이
세상의 인연되어 살아왔던 사람
원래의 나의 자리
나는 찾아간데이

인간의 마음으로는
엄마 누나의 자식들도
환상의 내 나라 들게 하고 싶지만
엄마야 누나야 나를 어리게 보니

엄마와 누나한텐
이야기 안 하고 나는 나의 나라
공인되어 지키러 간데이

나중에 혹시나 인연이 닿거든
내 나라 오거래이
거기서 함께 살제이
영원토록 함께 살제이
인간세계 살 때도 꿈꾸던
정 있게 못 지낸 것은
먹고살기 바빠서인데
그 꿈을 못 이루고
나는 나는 또 떠나간데이

방황

뜬구름 잡으러 다니는 사람
아는 것은 머리에 있고
농사일은 하기 싫고
뜬구름 쫓아다니는 사람들
동네사람 욕해도 건방만 늘어
부모 재산 팔아먹으니
고등 놈팽이라 하지
취직자리는 없고 가진 포부 크나
세상일이 뜻대로 되지를 않구나

땅 팔아 객지에 쏘다니다 보니
한 것 없이 땅만 날렸네
있을 곳도 없어 고향 산천 돌아와도
반겨줄 이 하나 없네
본전이 생각나
노름을 하고 다니다가 보니
재산만 줄어들고
가진 것이 없으니
하도 원통하여
술만 먹고 비틀대네
일제시대 때에도

돈 번다 일본 가고
고향 떠나 객지 간
가난한 우리 이웃
만주땅에 가서 봉천서 개장수
하던 사람도 있고
돈 벌어 고향 간다
생각하며 살다
고생을 밑천으로 기반 잡고
먹고사는 것 잊을 만하니
백발이 되었구나

꿈에 그리던 고향 찾아왔건만
내가 그리던 고향 없고
옛날의 사람들은 모두 모두 어디 가고
남은 사람 모르는 사람들만 있으니
형언 못할 아쉬움에 발길을 돌리누나
이북에 간 사람 만주에 간 사람
소련에 간 사람 각 나라에 간 사람
형편 안 되어 고향에 못 오누나

고향에 와 봐도 꿈에 그리던
부모형제 모두 모두 없어진
원한의 세월이라
마음은 늙지 않아 그 옛날
나의 부모 살았으리라 생각해도

와 보니 안 계시고
나의 마음 안식처를 잃으니
목메어 그리던 고향이 타향이네
인간세상 살아가며
누구나 잘살고 잘 먹고 싶은 마음
다 가지고 있으나
알뜰살뜰 살림 살고 자식새끼 키우며
헐벗고 사는 것이 우리의 삶이었지
우리의 생활이었지
그것이 맘에 안 드는 이
한탕주의 빠져서
집 팔고 논 팔아 노다지를 캐던 이도
그 한숨의 나날이
오죽하였겠나

고향 떠나 객지 간 이
수없이 많고 얼마나 고생했으면
객지 간 후 오지 않는 사람도 많네
이제는 사는 곳 그곳이 고향되어
모두 모두 살아가나
마음은 고향 품고 살아가지
사람이 고향을 그리는 것은
사람의 마음 아닌 참마음의
그 시절 그리기 때문이지
그 시절이 그리운 건

내가 온 곳이고
그곳이 안식처니 사람 심리 그러하지

못 먹어도 엄마와 함께
살아가던 그 시절
그리운 것은 기댈 이 없이 살면
더 그립지
그보다 또 더한 건 고향 남은 부모님들
기다림의 세월 속
세월 가는 줄 모르나 마당의
벚꽃 만발하여 있으니
저 벚꽃이 필 때 고향 떠난
자식 생각에
마당을 치며 통곡하는 부모의 마음을
걷지도 못하지만 그 생각 가지고
눈만 깜빡이며 두 눈에 눈물 흘리네

생사도 모르고
보국대에 끌려간 이
남북으로 헤어진
우리의 한이어라
남북이 통일하여
하나 되게 살아야지
서로의 욕심으로 남북이
갈라져서 한도 많고

원도 많아 못살다 보니
처자식 두고도 저 객지로 나가
늙어빠진 뒤에 돌아오니 타향이네
젊었던 내 각시가 할머니가 되었고
핏덩어리 자식이 중어른이 되었네

객지에서 살다 보니
장가가서 그곳에도
처자식 새끼 있으니
가고 싶은 고향도
오고 보니 별일 없네
오고 보니 한의 세월
가난이 죄가 됐네
가난이 한이 됐네
누구를 원망하랴
한의 세월을
인간이 살아가며 모두 모두 뜻이 같아
한없이 살고 원없이 살아야지
하나로 통일시킬 그런 세상이 와야
원한 맺힘이 없지

등산

등산은 산에 오르는 것이 등산이지
등산이 좋고 좋은 것은
맑은 물 맑은 공기 사람과 함께 함이고
보는 눈에 산수 자연 좋으니
사람으로 하여금 기쁘게 하지

등산이 좋은 것은 사람의 뼛속까지
움직이게 함이 좋은 거지
등산이 좋은 것은 사람이 한번 자기를
돌아보게 하여 좋은 거지
등산이 좋은 것은 고생한 뒤
모든 시름 놓게 하여 좋지
등산이 좋은 것은 자연의
조화를 배움이 좋은 거지
등산이 좋은 것은 자연과 대하니
사람 때를 벗길 수가 있음이지
등산이 좋은 것은 성취 의식에 몸 마음이 기쁨이지
등산이 좋은 것은 순간의 욕심 없음이지

산을 타면서 많고 많은 생각에
인간의 순수함을 찾으려고 노력을 해보았지

그러나 벗길 수 없는 것은
현실의 삶이었지
그것은 뿌리 깊이 내재된 것이었지
내 몸의 충성은 되나
참나를 찾을 때는 거리가 멀지
참의 주관에 의한 만상의 움직임과
만상의 생존을 사람들은 모르지

천직

긴 머리 소녀가
엷은 미소 짓고
아무도 모르는 위험하지 않은 곳
달려가는데 그 모습이 예뻐라
그 모습이 아름답네
단발머리 소녀도
땋은 머리 소녀도
갈래 머리 소녀도
모두가 아름답고
모두가 아름다운
꿈도 많고 나보다 형편 좋은
소녀들이었지

마음이 설레고
이야기하고 싶어도
이야기를 못하고
얼굴만 붉혔지
까만 교복 두툼한 가방
그 소녀들도
지금은 모두 중늙은이가 되었지
젊은 시절 나는 먹고살고

공부하기 힘이 들어 이성과
사귀어 보지 못하였지
인간에게 무엇이
인간에게 무엇이
그리운 건 때가 되면
사람은 그런 감정 가짐이 사람이지
이것이 신의 조화 사춘기의 나의 시절

이제 세상 살아오며
이것저것 다 겪고
모든 풍상 다 겪으니
인간을 알 만하나
그래도 모르는 건
사람들의 마음
마음에 마음 가지고
살아가니 모르겠네
이 세상에 사람들이
아름다운 시절
꿈도 많고 희망의
그 시절 다 가져서도
나이가 들어도
희망은 가지고 사니 삶이지
희망이 없으면
모두 모두 가치 없지
늙어 죽을 때까지

사람은 희망을 가지고 살아가지
늙지도 젊지도 않은 이 나이에
이제는 경험 살려 사람을 구제하고
평생의 직업 중 최상의 직업을
내가 얻어가지고 사람 구제하네
아쉬운 미련도 아쉬운 한숨도
살며 가졌던 것
나는 잊고 살구나
그저 철이 없고
그저 마음이 없으니
가지는 것이 무엇이냐
그것이 임무지

하늘일을 내가 맡아
하늘에 맞는 사람으로서
행할는지 걱정만 되구나
하늘이 사람 낼 때 쓸 자를 낸다 하나
그 쓸 자 나 아니게 생각됨은
인생 살며 고귀하지도 못하고
빈천하지도 않았던
나를 미약하다고 생각하니 그렇구나

향수 (鄕愁)

언덕 넘어 저 너머엔
초동들이 잠자고
소들이 어디 갔는지
모르고 자고 있구나
잠만 자는 사람들은
소가 어디 갔는지
깨고 보니 늙어 힘이 없고
서글픈 꿈 헛된 꿈만
꾸어서 지나왔으니
인생은 왜 이리
사람은 왜 이리
서글프고 힘이 없나
한심하기 그지없다
아는 사람 없구나
아는 사람 없구나
젊은 시절 다 놓치고
헛꿈만 꾸다 보니
좋은 시절 다 놓치고 말았지

가고 싶다 가고 싶다
끝없는 지평선

그곳엔 잔디만
끝없이 펼쳐지는 곳
이것저것 근심걱정
모두 모두 떨치고
망아지처럼 날뛰며
뒹굴고 싶구나
나의 고향 뒷산 묘터에서
내가 뒹굴고 뛰어놀던
시절의 마음과
하나도 다를 것이 없는 나의 고향
나는 나는 어린아이지
철부지 개구쟁이
어린아이이지
잘 먹지 못했지만
못 먹지 못했지만
그저 바라는 것은
하나의 안식함이라

인간마음

사람이 좋아하는 것은 얕은 술수이지
사람이 좋아하는 것은 얕은 머리이지
사람이 좋아하는 것은 자기 몸 보존이지
사람이 좋아하는 것은 자기를 자랑함이지
사람이 좋아하는 것은 자기의 체면이지
사람이 좋아하는 것은 자기를 보호함이지
사람이 좋아하는 것은 자기의 집착이지
사람이 좋아하는 것은 자기의 호의호식이지
사람이 좋아하는 것은 자기를 자랑하며 으스댐이지
사람이 좋아하는 것은 얄팍한 지식의 자랑이지
사람이 좋아하는 것은 주색(酒色)이지
사람이 좋아하는 것은 몸 움직이지 않음이지
사람이 좋아하는 것은 입으로 말하고 행하지 않음이지
사람이 좋아하는 것은 멋대로 삶이지
사람이 좋아하는 것은 남을 시기함이지
사람이 좋아하는 것은 내가 잘되는 것이지
사람이 좋아하는 것은 내 가족이 잘됨이지
사람이 좋아하는 것은 출세함이지
사람이 좋아하는 것은 그리워함이지
사람이 좋아하는 것은 남이 알아줌이지
사람이 좋아하는 것은 잘난 체함이지

사람이 좋아하는 것은 나보다 못한 남을 얕봄이지
사람이 좋아하는 것은 쓸데없는 꿈을 꾸는 것이지
사람이 좋아하는 것은 하늘을 무시함이지

말

말은 자기의 마음이지
말은 자기 말과 우주 말이 있지
말을 잘하면 상대에 끼치는 영향이 크고
말을 잘 못하면 상대를 괴롭게 하지
말 많은 세상의 헛말은 말이 아니지
참말은 일체의 내가 없이 하는 말이지
진실은 참이기에 진실된 말을 해야지
언제나 평온한 말을 하고
언제나 마음 없는 말을 하고
언제나 같은 마음으로 말하고
언제나 지킬 수 있는 말을 하고
언제나 자기 생각의 말을 하고
언제나 스스로의 뜻을 마음 없이 전하고
언제나 조심하여 말하고
언제나 있는 대로 말하고
언제나 생각하여 말하고
언제나 밝게 말하고
언제나 정겹게 말하고
언제나 상냥하게 말하고
언제나 철없는 아내같이 말하고
언제나 명랑하게 듣기 좋게 말하고

언제나 상대가 되어 말하고
언제나 가슴으로 말하고
언제나 따뜻한 정으로 말하고
언제나 상대에 유익하게 말하고
언제나 이렇게 해야 참되고 좋은 말이지

귀향

고향 찾아 가자꾸나
너와 나의 고향을
너와 나의 고향은
이 천지에 있건만
너와 나는 그것 모르고
먼 곳에서 찾으려 하지

고향을 찾아가자
너와 나의 고향을
모든 이들 찾지 못하던
그 고향이 다름 아닌
그곳이 어디이냐
그곳이 바로 여기지

옆에 두고 찾는다고
야단법석 떠니
내가 보니 한심하다
내가 보니 가엾다
그 이유가 무엇인가
저 먼 곳의 성인 말에
붙들려 살기 때문이지

만고의 성인이란 자기 찾은 이인데
자기를 못 찾고서 무엇을 알려고 하나
고향이 자기인데
너는 무엇 찾으려 하나
형체 보이는 곳에 찾지 마라
고향 무덤 달리 없다
무덤이 너의 고향이지

평정

평정은 같음이지
평정은 층이 없음이지
평정은 우리이지
평정은 잘난 척이 없지
평정은 속이 없지
평정은 못사는 이가 없지
평정은 모두이지
평정은 순리이지
평정은 조건이 없어야 하지
평정은 잘난 사람이 없지
평정은 못난 사람이 없지
평정은 잘 먹고 잘 삶이 같지
평정은 남과 하나 됨이지
평정은 멋대로 사는 삶이 아니지
평정은 남을 위해 사는 삶이지
평정은 자랑에 있지 않지
평정은 헛소문에 있지 않지
평정은 불평은 있으나 곧 없어짐이지
평정은 전체가 하나 됨이지
평정은 잘 삶이지

고행

헐떡이는 사냥꾼
달아나는 것들은

헐떡이는지 힘드는지
아는 사람 없구나

모든 게 나 중심이니
나만 있어 헐떡이지

나 없으면 만물이야
헐떡이든 죽고 살든

그것 모름 인간이지
그것 모름 사람이지

뭐든 자기 없이 하면
헐떡임에 매이지도

뭐든 자기 없이 하면
이것저것 모르지

인생

길 가던 사람 서서 망설이고
걷는 것이 힘이 들어 피곤한 기색이나
길 가던 사람 걸음 재촉하고
목적지에 달성해도 얻는 것이 없네

얻고 못 얻고는 하나도 다름없건만
하늘 뜻 모르고 한숨만 쉬네
실향한 사람이 고향 그리듯
젖먹이 아이가 엄마 그리듯

사람은 누구나 이상세계 꿈꾸며 살지
그 꿈속에서 이상세계 있으리라 생각도 하지
젖먹이 아이처럼 실향민처럼
이상세계를 그리워도 하지

그 세계의 열쇠는 내가 갖고 있다
삶에는 고향 향수 있으나
사람은 보지도 찾지도 못하니
사람들에게 보여주려 하늘이 왔다

만물이 만상이 와서는 말이 없고

만물이 만상이 갈 때도 말이 없지
영웅호걸 천하인이 어디로 가고
구전하는 말만 남아 있지

세월 속에 사람들은 살아가나
순간에 속아 살고 남음이 없는 인생을
사람들은 자꾸 반복하지
그러면서 사람은 똑똑하다 말을 하지

떠들고 저 잘났다 말하는 사람도
천지의 노랭이도 천지의 잘난 이도
모두가 말이 없고 자취 없음으로
변하는 것이 인생이고 만물이라

구원

세상 살면서 고달픈 이 많고 많지요
인생은 세상 나면 모두가 나그네요
세상에 사는 삶은 모두가 고생이요
그 고생 누구나 짐 지고 살지만
사람들은 그걸 몰라 자기 짐만 쳐다보지요

가슴 아픈 사연을 간직한 사람들이
죽고 싶은 마음에 세상을 살다 보니
그 세월이 약이 되어 아픈 사연 없어졌네
이것이다 생각하면 그것보다 더한 고통
없는 줄 알지만 그것은 나그네가
누구나 겪고 사는 하나의 지나감이요

가슴 아파 울지 말고 나에게로 오세요
가슴 아파 통곡 말고 나에게로 오세요
그 짐은 내가 지고 너의 짐을 가볍게
할 수 있는 사람은 나밖에 없소

가슴 아픈 사연이 가짓수도 수백 가지
인연이 없어져서 통곡하는 사람은
내가 그 인연 찾아주겠소

인연이 죽어서 통곡하는 사람도
내가 그 인연 찾아주겠소
죽고 살고 없는 것을 가르쳐주겠소

가산 탕진하여 죽고 싶은 사람도
나는 나는 그 재산보다 큰 상 주겠소
친구, 애인, 사람에게
배신당해 사는 사람도
더 좋은 것 주겠소

말없이 떠난 사람 기다리는 사람도
그 사람보다 좋은 곳에 나는 안내하여 주지
일체 가슴 아픈 사연 있는 사람 모두 오시오
내가 그 짐 모두 져주니 주저 말고 찾아오소

후회

엄동설한 차가운 방
몸이 아파 누웠으니
지나간 세월에
눈물만 나누나
나의 갈 길 어디이고
나 온 곳도 모르고
먹고살기 힘들어
병까지 얻은 신세

없어도 서방을 하늘같이 모시던
할멈은 저 땅속에 가 버리고 없으니
두 눈의 눈물만 앞가리고 있는데
군에 입대한
자식놈은 언제 올까
나도 젊어 살아왔고
장가갈 때 시절도
엊그제 같건만
무정한 세월만 흘러흘러 가 버리고
갑갑한 이내 심사
눈물만 나누나

나 어릴 때 부모형제 모두 살아왔었고
정 많던 부모님도 함께 살아왔어도
건너 동네 동생은 내 몸 늙고 힘없으니
한번도 오지 않고 밤 깊은 밤 독수공방
기다리는 기약 없이
그저 있다 죽어야 하는 운명
되고 보니 부질없는 인생이었네

정신은 살아 있어
이웃 사람 보다못해 죽 한 그릇 주니
사는 것이 무엇이고 산 것이 무엇이고
덧없는 인생 후회해도 소용없고
돌이킬 수 없는 과거의
나를 생각하니 그저 눈물 난다
배운 것은 없어도
사람들에게 부탁하고픈
이야기가 있다면
세상 살 때 남과 함께 다정히 살며
앎을 알고 살아라고
하고 싶은 말이지만
사람들이 내 말 안 듣지

입 다물고 천지신명 찾으며
살다 보니 죄짓고 살다 보니
잘못한 것 많이도 있어서

292

사죄를 하고 며칠 있다 죽으니
친척들이 몰려와서
땅에 묻어주더라
한 많은 사연 안고
세상을 하직하니
배운 것이 없어 어디 갈지 모르겠네

그저 사는 습에 젖어
이리저리 내 마음의 부스러기 만들어 있는데
나란 놈 죽지 않고 살 때와 같아
이놈이 무엇일꼬
죽은 줄도 모르고 그대로 지내니까
지혜 없어 죽고 보니
깨치지도 못하겠네
나는 떠돌고 떠도니
참나를 어느 세월 찾을꼬

나의 이름

바람이 언덕마루 겨울이면
세차서 매정하게 느껴지고
바람이 언덕마루 여름이면
그 바람은 고마움이지
이래도 불고 저래도 부나
사람은 그 바람 분별하고 살지
바람은 온데간데없는 것이 바람이나
사람들은 그걸 몰라 분별하고 살지
삶이 무엇인지 사는 것이 무엇인지
사람은 모르고 욕심만 부리지

가난한 한국 땅에 배가 고파 울던 자식
그 자식들이 지금 세상 주역이 되니
모두가 배고프지 않으려고 안간힘 쓰지
철없이 먹고사는 건 살으라마는
내가 바라는 것은
참을 알고 살아라
가슴에 묻어 두지 말고
열심히들 살아라
그것이 너만 위하면
무슨 소용이 있느냐

그것이 너만 위하면
무엇이 덕 되나

사는 삶을 내가 보니
욕심이 너무 많다
돈의 욕심으로 너희는
남을 깔보면서 살아가니
내가 보니 가소롭다
너나 나나 죽을 땐
그 돈 가지고 가나
너나 나나 죽을 땐
그 돈이 무슨 필요냐

나도 세상 나서
맨손으로 남과 같이 살아 보려고
갖은 애를 많이 썼지
이놈의 돈 세상
돈 없으니 바보 되고
하고 싶은 일들도 못하고 살아가니
기가 막혀 사람 가슴에 멍들인 게 돈이더라
열심히도 살았다
남보다 두 배 반의 일을 하며 살았다
참으로 열심히 살았데이
내가 바라는 것은
인간답게 평정한 삶이었는데

관가에 아부 잘하고
정부 돈 쓰는 놈 쓰지
힘이 없는 사람들은
돈 한푼도 구경 못하지
돈 없어 아파도
병원 한번 못 가고
방 안에서 앓다가
죽은 이가 얼마냐
잘사는 놈 못사는 이
피멍을 들게 하여
저희는 좋아하나
가슴 아픔 남았지

사람 삶이 쉽지 않더라
자식새끼 키우고 마누라 먹여 살리기
여간 힘이 아니더라
먹고살기 힘이 드나
나는 나는 도를 하여
득도를 하고 나니
세상일이 나의 뜻대로나
인간으로 살아온 삶이
허무하기 그지없더라
나 어릴 때 곰보 병으로
사람들은 곰보 되고
사람들은 죽어 갔지

가난에 떨다가 많은 사람 죽어 갔지
늙은이는 배가 고파 노망 병으로 죽어 갔지
그것이 나 어릴 때 우리 동네 형편이었네

국민학교 다닐 때
학교가 나의 집 옆에 있어
나는 학교에서 신도 안 신고 맨발로 다녔지
나의 이름 '가지'는 강아지의 우리 고향 말이지
사람들이 자꾸 죽어
귀한 집 아이를 '가지'라고 부르지
천한 이름 지어주어야 사람이 안 죽는다고
어릴 때 나의 이름 '가지'가 왜 그렇게도 싫었을까
나는 '가지'인 나의 이름 부를 때
성을 많이도 내곤 했지
우리 형 둘도 곰보 병을 앓다가 저세상에 갔지
'가지'는 내가 클 때까지 별명이었지
그것이 나의 이름이었지

요술쟁이

먼 하늘에서
나오는 것이 있으면
그것이 무엇일까
우주 전체가 영체이나
그곳에서는 땅이 있고 물, 온도, 습도 맞으면
무엇이든 나오니
요술쟁이는 이것이 참 요술쟁이지
생물체가 완전함으로
보이지 않는 미생물도
이곳이 다 내니 괴이한 일이로다

하나의 부족함도 하나의 모자람도 없이
그냥 그 자리 있는 게 그것이지
형질 그대로이나
전자는 사람 눈에 보이지 않음이고
후자는 보이니
사람들이 나온 곳 모르고 살아가지

사람들은 사람 생각으로
그것에 답 얻으려니
얻어지지 않는 것 바로바로 이것이네

바로바로 이것이네
일체의 모자람 하나도 없고
완전함의 이것은
있었다 없어졌다 할 뿐이네

만상의 형체들이 가진 것이 무엇이냐
그것은 다름 아닌 수명을 가졌지
수명은 만상 물체 모두 가지고 있으나
수명은 모두가 유한이지
이 유한이 무엇이냐
한계가 있음이지
한계는 그것의 없어짐을 조종하지

지수화풍으로 와서
지수화풍으로 살다
지수화풍으로 돌아감이 만상들이지
늙는 것은 왜 늙느냐
지수화풍이 사람을 늙게 하지
그것이 천지조화
누가 이렇게 만들지도
누가 저렇게 만들지도
않은 것이 천지조화 말 그대로
저절로 왔다가 저절로 가는 곳이
있음도 아니고
없음도 아닌 그것이 우주의 주인 물질이지

눈감고 세상 보니
세상이 모두 모두
나의 속에 있고
눈을 떠서 보니
지금의 여기이다
어리석은 사람은
어리석은 사람은
모두 모두 다 가지고도
가진 줄을 모르나
눈을 떠서 보면
나의 실상이 우주의 그대로이고
나만이 없음이지

천상

천상에는 세월 없고
천상에는 시간 없지
그곳은 맑은 곳
그곳은 아름다운 곳

세상 사람 이 천상에
모두 모두 들어오면
근심 걱정 모든 것이
일체 없을 텐데

생명이 있는 곳
만상이 있는 곳
모두 모두 순리 지켜
이곳으로 가자꾸나

우주마음

찬란한 태양은
천지에 비침이
빈부귀천 가리지 않고
비치고 있지만

그것을 너희는 보라
이것저것 가림이 있나
잘난 사람 못난 사람
가려서 비춰 주더냐

우주의 모든 일은
태양과도 같아
한치 앞의 격차가
없는 것이 우주 아니냐

너희가 모르고
너희가 철이 없어
앎도 없이 믿는 것은
모두가 헛됨이니 그리 알도록 하라
어제도 오늘도
아득한 후일에도

영원히 존재하는
나를 보아라

참의 나는 구애 없다
참의 나는 소속 없다
내가 살고 죽고 없는
나의 나라 깨달아라

잘난 이도 하나 없다
못난 이도 하나 없다
모두 모두 세상에는
같은 사람이다

사람 가슴에 한 맺히게
하는 것은 사람이지
저 잘났다 하는 사람
거짓말만 알고 있음이
저 잘난 것이 인간이지

형제야 자매들아
모두 모두 손을 잡고
하늘나라 오너라
나의 품으로 오너라

찬바람이 부는 날도

배가 고파 우는 사람도
인간 고뇌 일체가
없는 나라 나의 나라

세상에서 최고로
보람 있는 일이
그것이 무엇이냐
하늘나라 감이지
하느님의 세상
너희가 들었지만
그 세상이 어디인가
나의 가르침 받는 이지

후일에 모든 사람
나의 말이 세상 끝까지
퍼져서 믿을 때엔
세상 사람 믿지 않은
지금의 나의 심정
애틋하게 여길 날이
있는 날도 있겠지

나는 진리 알지만
철이 없는 너희는
나의 진리 일체 모르니
그것을 가르치려는 거지

딴 생각은 전혀 없다

서러운 세상에서
너와 나는 인간 삶이
모두 모두 함께였으나
앎과 모름 차이이지

내가 내가
할 일은 하늘에서 내가 와서
너희와 더불어 살며
나의 나라 인도함이고
나의 정도 가르치고
세상 살면서 순리로 삶을 가르침이지
잘사는 것 무엇이고
못사는 것 무엇이고
모두가 평등 안 하니
그런 일이 있는 것이지

잘못하면 가르쳐주고
못하는 이 가르쳐주고
못다 한 한숨 쉬는 이
함께 한숨 나누자꾸나

하늘의 으뜸 주인은 나나
인간들이 그것 모르지

도 하는 이도 그것 모르지
내가 내가 으뜸인 걸
아는 이가 아무도 없지
그것이 천하의 나를
인간으로 그냥 보아 지나치지
그것이 철없음이지
그것이 증명서 내놓으라는 세상이지

세상은 증명의 세상이고
세상은 증거의 세상이고
세상은 모든 것 믿음이 없기에
왜냐가 있지

참은 허에 있지 않고
참은 가에 있지 않고
참말이 참말이 아닌 것은
허가 참으로 가장하여 판친 뒤이지

하늘의 형질을 알려면
하늘의 뜻을 알려면
너희는 너희는
너희가 없으면 알 수 있지

때 묻은 너희는 나를 알지도 못하고
때 묻은 너희는 나를 볼 수도 없지

너의 때는 많고 많으나
그 때밀이가 나지

보통 때밀이가 아닌
완전한 때밀이라
못 미는 곳이 없어
그 때를 벗으면
나의 세상에 오지
그 때를 밀어주어야
나의 나라 올 수 있지

별과의 대화

· 별아, 참 반갑구나!

　별 : 제가 더 반갑습니다.

· 별아, 너는 언제부터 생겼니?

　별 : 저는 아주 오랜 옛날에 생겼습니다.

· 이 지구상에 많은 사람이 왔다 갔니?

　별 : 예. 많은 사람이 왔다 갔다마다요.

· 별아, 너는 무엇하러 태어났니?

　별 : 저는 태어남도 아니고 그대로 있을 뿐입니다.

· 별아, 너는 참 많이 안다. 무슨 불만이 없니?

　별 : 있습니다. 사람들이 저를 별로만 봅니다.

· 그럼 어떻게 봐야 되니?

　별 : 저는 별이지만 이미 별에서 떠났습니다.

· 아, 너는 많이 안다. 너가 나니?

　별 : 그렇습니다.

· 너는 그걸 어떻게 깨달았니?

　별 : 저는 아주 오랜 세월 속에 스스로 알게 되었습니다.

· 별아, 석가모니 부처가 너를 보고 깨달았다는데, 그 뜻이 무엇이니?

　별 : 그것은 이렇습니다. 석가모니 부처가 나를 볼 때 나는 그대로
　　　있었으나 자기 마음에 형체 있음 없음을 마음이 나타낸다는 것
　　　을 알고, 형체 있고 없고가 같음을 스스로 아셨습니다.

· 별아, 딴 사람들이 이해하기 쉽게 다시 요약하여 보아라.

  별 : 하늘을 보니 없는 가운데 제가 있으니 형체가 무엇이고 형체
      아님이 무엇인지 그는 저를 쳐다봄과 동시에 동일함을 알고 깨
      달았습니다. 원래 저는 형체가 없었으나 형체 있음으로 바뀜을
      석가모니는 아셨다는 것입니다.

· 별아, 나는 어디까지 깨달았니?

  별 : 완전 자기가 없는 상태이니, 그렇게 깨달은 분은 지상에서 당
      신밖에 없습니다. 생활을 하고 있되 생활에 걸리지 않으시고,
      사랑을 하되 사랑에 걸리지 않으시고, 그리워하되 그리움에 걸
      리지 않으시고, 욕을 하되 욕에 걸리지 않으시고 모든 일체를
      떠나신 분이시니 우주가 생긴 이래 처음 있는 분이시고 최고로
      위대하신 선각자이십니다.

· 별아, 너는 그런 것도 다 알고 있니?

  별 : 알다마다요. 저도 이제서 그것을 알아 대자유를 얻었습니다.
      저도 형체가 있되 여기에 머물러 있지 않고, 없는 가운데 제 형
      체가 있고, 있는 가운데 만사가 있으니 있는 그대로입니다.

· 별아, 다음에 또 이야기하자. 너가 나의 심정을 아는구나. 너와 나는
  하나이구나.

창공과의 대화

· 창공아. 수고가 많구나.

　창공 : 아닙니다. 저는 제 할 일을 하고 있습니다. 제가 주인님이고
　　　　주인님이 저 아닙니까?

· 온 우주에 창공이 없지 않건만 그 창공이 나라고 하나 아는 이는 없
　고, 하늘에 형체 찾아 하늘나라 찾으니 창공은 말이 없고, 덧없는 인
　생을 넋 잃고 보는구나. 창공아, 너는 춥지도 않고 덥지도 않니?

　창공 : 저는 추위도 더위도 없고 일체 모든 것이 없습니다. 그저 있
　　　　을 따름입니다.

· 창공아, 너가 움직여 모든 형체 만든다는데, 사실이냐?

　창공 : 그렇습니다. 제가 한번 움직이면 모든 형체가 제 속에서 나
　　　　오고 제 속으로 없어지니, 제 속은 보이는 것은 없으나 일체
　　　　모자람이 없습니다.

태양과의 대화

· 태양아, 반갑다.

　태양 : 반갑습니다. 주인님. 정말 반갑습니다. 이제야 주인님이 지구
　　　　에 오셨군요. 나는 태양에 있으면서 인간만큼 혼란스럽고 추
　　　　하게 사는 것은 처음 보았습니다.

· 그러면 어떻게 하면 평정하게 되겠느냐?

　태양 : 그것은 이제 주인님이 오셨으니 평정하게 될 것입니다.

· 너의 바람이 무엇이냐?

　태양 : 저의 바람은 없습니다. 주인님께서 만들어준 이대로가 좋습
　　　　니다.

· 너는 언제까지 살 것이냐?

　태양 : 주인님의 명령에 의하여 삽니다.

달과의 대화

· 하늘 쳐다보니 달은 내게 속삭이네.

　달 : 반갑습니다.

· 그래. 너도 창공을 지키느라 수고가 많다. 달아, 너는 무엇을 하고
　싶니?

　달 : 주인님께 가고 싶습니다.

· 그래, 너도 내가 죽은 먼 훗날 너의 임무가 끝나면 나에게 오도록
　해줄게.

　달 : 고맙습니다. 저는 이렇게 매여 사는 것이 싫습니다. 정말 감사
　　　합니다.

· 달아, 눈물 흘리도록 해라. 얼마나 기쁘냐?

　달 : 예.

산과의 대화

· 산아, 반갑다.

　산 : 정말 반갑습니다.

· 너는 삶이 재미가 있니?

　산 : 아닙니다. 저는 재미가 없습니다.

· 너는 언제 생겼니?

　산 : 아주 오랜 옛날 불덩이가 지금 산이 되었습니다.

· 너는 무엇이 되길 원하니?

　산 : 저는 물이 되고 싶습니다.

· 왜 그러니?

　산 : 물이 되면 흘러갈 수 있으니까요.

· 물이나 너는 같음이다.

　산 : 어째서 저와 물이 같습니까?

· 그걸 알면 될 텐데.

바른 도(道)를 찾아 깨달음을 얻는 길

사람이 종교에 속고 책에 속고
사람에게 속고 속아 거짓말이 참 되고
참을 아는 이 없어 묻혀만 있다가
우주의 순리로 이 강토에 왔구나
각 종교에서 기다리던 그 참을 알아
이 강토 사람이 세상의 스승이 되니
아무리 똑똑해도 이것을 모르면 바보보다 못하고
바보도 이것을 알면 만고의 완전한 성인이라
참이란 다름 아닌 바른 진리이고
참이란 영원히 변치 않음이고
참이란 영원 영생함이라

지금의 종교, 사회, 정치, 문화 모두가
바름이 아니기에 사람들이 불안해하나
참을 알면 모든 것이 거짓임을 알 수가 있고
참을 알면 성인이 될 수 있으니
참은 살아서도 죽어서도 영원 영생
하느님 나라에 사는 것이라
참인 진리를 가르칠 자 없었는데
이 강토에 마침내 참하늘이 오셨다

이 참의 진리세계에 가려면
나의 마음을 깨끗이 닦아
우주인 참나를 찾아야 한다
이것이 석가모니께서 깨달은 경지니
이제는 완전의 세상에서 완전한 깨달음을 얻으면
하느님을 만날 수 있고
신계(神界)에서 영원히 살 수 있음을
누구나 확인할 수 있다

또 마음을 닦아 깨달음의 경지에 이르면
사람을 구제하는 능력을 받아
전 세계에 나갈 성인이
한국에서 부지기수 나오니
이 도가 바로 각 종교에서
수천 년 동안 기다리던 완전함이라
누구나 성인이 될 기회가 마침내 왔으나
인간은 한정된 삶을 살기에
지금까지 믿고 따르던 종교에 얽매이면
잘못된 삶을 영원히 보상 받을 길 없다

하늘은 성인을 낼 때
반드시 필요한 시기에 내는 것이라
이제 완전한 깨달음을 얻을 수 있는
진짜 기회가 바로 지금 왔으니
주저 없이 참 진리의 도(道)를 찾으라

후기

마음이란 우주 전체라.

마음이고 법보고 성부와 성령이고 정과 신이고 진공묘유라.

그러나 사람이 삶 살다 보면 자기가 산 삶에 업, 습이 있어 참된 진리가 보이지 않는다. 나는 사람에게 그 업인 산 삶과 습인 몸을 버리고 없애어서 참의 진리를 사람이 가지게 하려고 이 글을 쓴다.

천극락의 세계도 업인 마음을 버리고 습인 몸을 없애면 그곳이 천극락 나라요, 영원히 사는 것이라. 사람이 죽어 다시 난 나라가 천극락의 나라다. 일체가 하나인 나라요, 원래(신)인 하나가 될 때 일체가 하나인 진리다. 다시 나서 사는 것이다. 이것이 생사일여라. 있음이 사는 것은 있음과 없음의 이치로 아는 것이다.

내가 눈감으면 우주 전체가 진공묘유이고 보신불과 법신불이고 성령과 성부고 정과 신이다. 일체는 하나이고 원래 신이다. 그것이 신으로 다시 나서 천지만상이 다 신이다. 사는 이치는 마음을 닦아 깨끗한 자만 날 수가 있는 것이다. 불경은 마음을 비우라고 했고, 성경은 마음이 가난한 자는 천국에 날 수 있다고 한 것은 그 마음의 정체를 알아 비우고 닦으면 알 수가 있는 것이다.

일체는 하나이고 일체는 진리라. 마음이 닦인 자 하나님 부처님을 볼 수 있는 것이라. 있는 것을 살리는 것이 진리의 마지막이라. 진리가 행하고 할 수 있는 것이다.

일체는 그냥 살고 일체는 그냥 있는 것이고, 일체는 스스로 왔다가 스스로 가나 있었던 것은 모두 천극락에 살게 하는 것이 진리의 마지

막이다.

사람은 자기의 산 삶과 업과 습인 몸에 가려 있어, 안다는 것은 자기가 살면서 살아온 환경과 자기가 학교 다니면서 배운 것과 사회 생활한 것이라. 그것을 자기로 착각하고 살아 사람은 그것에 가려 참의 진리가 안 보이는 것이다.

참의 진리는 일체가 없는 가운데 참 정과 신으로 다시 나야 부처님이고 신이다. 일체는 하나인 부처님 하나님 자체가 될 때라. 사람이 성경과 불경이 이해가 안 되는 것도 의식이 자기에 묶여 살기 때문이다. 의식이 전체인 진리에 사는 자는 전체라 그것이 잘 보이고 잘 들린다.

완전한 하나로 돌아가는 것이 대해탈이고 대지혜 가지고 죄업이 없음을 아는 것이다. 참나라는 하느님 부처님과 하나가 된 신인합일된 것이다.

원래 존재하는 신으로 되돌아가는 것이 마음공부다.